AF532072

Carmen Tatschmurat

MEIN LEBEN NEU ORDNEN

CARMEN TATSCHMURAT

MEIN LEBEN NEU ORDNEN

Benediktinische Impulse für Zeiten des Umbruchs

Vier-Türme-Verlag

Bibliografische Information der Deutschen Nationalbibliothek
Die Deutsche Nationalbibliothek verzeichnet diese Publikation in der Deutschen Nationalbibliografie. Detaillierte bibliografische Daten sind im Internet über http://dnb.d-nb.de abrufbar.

in Deutschland
produziert

2. Auflage 2023

Lektorat: Marlene Fritsch
Umschlaggestaltung: Finken und Bumiller, Stuttgart
Umschlagmotiv: robert_s / shutterstock.com
Druck und Bindung: Pustet, Regensburg
ISBN 978-3-7365-0451-6

www.vier-tuerme-verlag.de

INHALT

UNGEWOHNT FREI

Ein Jahr liegt hinter mir, in dem ich keine Aufgaben und nur wenige Termine hatte. Im Januar 2021 habe ich die Verantwortung als Äbtissin für unser Kloster, die Abtei Venio, in jüngere Hände übergeben. Eine Sabbatzeit begann, die ich in räumlicher Distanz zur Gemeinschaft verbrachte. So konnte meine Nachfolgerin den Beginn frei gestalten und ich bekam genug Abstand, um mich neu zu orientieren. Unsere Ferienwohnung nahe dem Starnberger See, eine knappe Autostunde von unserem Kloster in München entfernt, war der ideale Ort dafür. Etwas aufgeregt fragte ich mich zu Beginn: Wie wird es mir gehen? Worauf muss ich achten? Wo entstehen besondere Herausforderungen und wo zeigen sich ganz neue Spuren?

Ich reflektiere in diesem Buch einiges, was mir in dieser Zeit wichtig wurde. Es ist eine Palette von persönlichen Themen geworden, von denen manche für Menschen in Umbruchsituationen vielleicht ebenfalls bedeutsam sind. Denn ähnliche Herausforderungen stellen sich auch an anderen Lebenswenden, etwa, wenn die Berufstätigkeit endet, die Kinder das Haus verlassen haben oder nach vielen gemeinsamen Jahren der Partner, die Partnerin nicht mehr da ist. So war ich mit ganz praktischen Fragen konfrontiert: Wie strukturiere ich meinen Tag? Welchen Maßstäben soll diese Struktur folgen? Welche innere und äußere Ordnung hält mich? Wie gehe ich unter ganz neuen Umständen weiter auf meinem Weg? Welche Orientierung und Hilfen brauche ich? Was brauche ich nicht mehr? Und zentral: Wie komme ich (wieder) zu innerer Freiheit und »Fröhlichkeit im Herzen«, wie Angela Merkel es bei ihrer Verabschiedung

2021 genannt hat? Es ging mir beim Schreiben nicht darum, diese Fragen eine nach der anderen abzuarbeiten, sondern sie sollten als bunte Fäden mitlaufen, in der Hoffnung, dass sich langsam ein Muster zeigt.

Zugleich verfolge ich hier wie insgesamt in meinem bisherigen Leben die Spur, den Weg Gottes mit mir zu finden und zu gehen. Die Gedanken, die ich in diesem Buch zusammengetragen habe, schreibe ich als Christin und Benediktinerin, das ist der Boden, auf dem ich mich bewege und der mich trägt. Mein früherer Professor der Soziologie, Karl-Martin Bolte, formulierte gelegentlich als Lebensregel: »Der Mensch braucht Sinn, Ordnung und Gefährten.« Das klingt benediktinisch: Für Menschen, deren *Lebenssinn* es ist, den Weg mit Christus und auf ihn hin zu gehen, wurde als *ordnende* Richtschnur die Benediktsregel geschrieben. Und die *Gefährten* sind die Schwestern oder Brüder, die unter der gleichen Ordnung zu leben versprochen haben. Auch wenn der heilige Benedikt das Leben in *Gemeinschaft* ordnen will, so kann manches aus dieser Tradition als allgemeine Richtschnur auch für Menschen, die ohne Klosterbindung einen Weg der Sinnsuche gehen, hilfreich sein. Daher habe ich immer wieder auf seine Regel und Erzählungen aus seinem Leben Bezug genommen.

Im Dezember 2021 hat in Deutschland eine neue Regierung die Arbeit aufgenommen. Noch immer hat uns die Corona-Pandemie im Griff. Weltweit sind weiterhin Millionen Menschen auf der Flucht, seit Februar 2022 auch aus der Ukraine. Die Klimakrise bedrängt uns und fordert entschlossenes Handeln. Angesichts all dieser Herausforderungen mag die Frage der Neugestaltung des eigenen kleinen Umfelds wie ein Luxusproblem wirken. Auch diejenigen (zu denen ich gehöre), die die Frage umtreibt, wie Kirche wieder zu einer glaubwürdigen Institution werden kann, die Lust auf eine gemeinsame Gottsuche in allen Facetten macht, weisen möglicherweise die folgenden Ausführungen als politisch unkorrekten Rückzug auf das Private zurück. Beide Einwände treffen zu. Und dennoch: Wahrhaftigkeit für das eigene Leben zu suchen, persönliche Umkehr und ein immer wieder neuer Anfang sind erste Schritte, die dann andere nach sich ziehen können.

Noch zwei Anmerkungen zum Buch: Die Abschnitte folgen zwar einer gewissen Logik, können aber auch einzeln nach den je persönlichen Vorlieben gelesen werden. Die Uneinheitlichkeit bezüglich weiblicher und männlicher Form ist beabsichtigt; das ist weniger ermüdend zu lesen als ständige Doppelungen (beziehungsweise Erweiterungen um diverse Formen) und kann gelegentlich hoffentlich überraschen.

Meine Schwestern haben mir durch die Freistellung von allen Verpflichtungen die Gelegenheit gegeben, dieses Buch zu schreiben. Tilly Miller hat das Entstehen des Textes Schritt für Schritt begleitet und einfühlsam und klug kommentiert. Ohne sie und ohne die Ermutigung und die hilfreichen Kommentare von Marlene Fritsch wäre das Buch in dieser Form nicht zustande gekommen. Ihnen allen gilt mein herzlicher Dank!

München, den 21.03.2022,
dem Fest des Heimgangs des hl. Benedikt

WENN SICH ALLES ÄNDERT

Plötzlich scheint die Zeit, die straff durchgetaktet war, symbolisiert durch den vollen Terminkalender, stillzustehen. Die freien Stunden und Tage sind zu einer Zeit der Gelegenheit geworden, in der Neues möglich wird. In der Sprache der griechischen Mythologie weicht der Gott Chronos dem Gott Kairos.

Viele von uns haben das angesichts der radikalen Reduzierung des öffentlichen Lebens und auch des Lebens der Kirchen durch die Corona-Pandemie erlebt. Unfreiwillig wurden wir in eine ganz andere Zeit gestellt. Nichts davon, was uns abverlangt wurde, war gewählt oder vorhersehbar und schon gar nicht planbar. Und dennoch: eine Zeit der Gelegenheit – das ist die Hoffnung, vielleicht sogar Verheißung.

Wer ist Kairos und wofür steht er? Im *Haus der Begegnung* in Burghausen findet man ihn in einer Wandnische. Ein kleiner hölzerner Läufer, im Profil dargestellt und mit drei versilberten Attributen versehen: ein Haarbüschel auf der Stirn, das gegen die Gesetze der Physik beim Lauf nicht nach hinten, sondern nach vorne weht; ein Messer in der rechten Hand, dessen Schneide ebenfalls nach vorne zeigt, an den Fersen je zwei kleine Flügel, wie sie sonst nur Putten in Barockkirchen zwischen den Schulterblättern tragen. Neben der Figur ist folgender Dialog zu lesen, bei dem der Betrachter schnell merkt, dass er selbst es ist, der die Fragen stellt:

»*Wer und woher ist dein Künstler?* – Aus Sikyon.
Und wie ist sein Name? – Lyssipos.
Und du selbst? – Kairos, der alle bezwingt.
Was stehst du so auf deinen Zehen?
– Bin stets auf dem Sprung.
Und warum denn hast du zwei Flügel am Fuß?
– Fliege ich doch wie der Wind.
Und das Rasiermesser in deiner Rechten?
– Den Menschen zum Zeichen, dass ich schärfer trenne
als jede Schneide der Welt.
Was soll der Schopf an der Stirn?
– Wer entgegenkommt, kann mich da packen, ja, beim Zeus!
Aber wozu bist du denn hinten ganz kahl?
– Bin mit geflügelten Füßen ich einmal vorübergelaufen,
niemand, wie sehr er's auch wünscht, hält mich hinten
mehr fest.
Warum denn schuf dich der Künstler?
– Für euch und euch zur Belehrung, Fremder, stellte er
mich hier in der Vorhalle auf.«

Das Original dieser Darstellung samt Dialog befindet sich in Trogir in Kroatien, dort trägt er auf dem Schneidemesser noch eine Waage. Das Bild selbst stammt aus der griechischen Mythologie und verkörpert die »Erfüllte Zeit«. Das Griechische kennt zwei Begriffe für das, was wir einfach nur mit »Zeit« bezeichnen: *Kairos* und *Chronos*. *Chronos* meint die Zeit, wie wir sie auf der Uhr ablesen. Die Uhr, der *Chronometer*, misst die Zeit gleichmäßig und gleichgültig. Sekunden, Minuten und Stunden sind geeicht, keine länger, keine kürzer als die andere. *Chronos*, das ist die Zeit, die vergeht, vom Morgen bis zum Abend, Tag für Tag, Jahr für Jahr. Es ist unsere Lebenszeit, die abläuft, zwischen Geburt und Tod, auf den Tod zu. *Chronos* ist daher die Zeit, die wir nutzen wollen, weil sie begrenzt ist. Und das heißt: Man muss herausholen, was nur geht. Das hat freilich einen gehörigen Nachteil: Es kann nicht jeder alles unbegrenzt herausholen. Irgendwo gehen die Ressourcen aus. Vielleicht liegt hier, in der Vorstellung von der begrenzten Zeit, eine Wurzel des Unfriedens, den manche Menschen in sich tragen.

Die Zeit hat noch eine andere Gestalt und auch sie spricht von der Begrenzung, aber sie droht nicht, sondern lädt ein. Diese Gestalt ist *Kairos*. Der Name bedeutet: das rechte Maß, der günstige Augenblick, der entscheidende Zeitpunkt oder auch am rechten Platz zu sein. Die griechische Mythologie sah in *Kairos* die Gottheit der günstigen Gelegenheit und des Rufs in die Entscheidung. Schnell kommt sie daher, man muss sie sehr wach sehen und entschieden zupacken. Denn wenn sie vorbei ist, lässt sie sich nicht mehr festhalten. Von dem Bild des Läufers mit der Stirnlocke kommt der bekannte Ausdruck »die Gelegenheit beim Schopf packen«. Wer sie nicht kommen sieht, hat das Nach-Sehen. Denn hinten hat *Kairos* eine Glatze, dort kann man ihn nicht packen. Es heißt also geistesgegenwärtig zu sein. So ist *Kairos* im übertragenen Sinn der günstige Augenblick, der dem einzelnen Menschen entgegentritt und der von ihm erkannt und genutzt werden will.

Im Neuen Testament wird diese Gestalt mit Christus verbunden. Im Markusevangelium eröffnet Jesus sein öffentliches Wirken in Galiläa mit dem Satz: »Die Zeit ist erfüllt, das Reich Gottes ist nahe. Kehrt um und glaubt an das Evangelium!« (Mk 1,15). Das meint: Jetzt! Und für die »Zeit« steht hier das griechische Wort *Kairos*. Wir begegnen an dieser Stelle der erfüllten, nicht der verrinnenden Zeit. Sie ist mit dem nahegekommenen Reich Gottes gefüllt, sagt Jesus. Das »Reich Gottes« ist aber nicht die eine oder andere Organisationsform, mit der wir unser Leben besser gestalten könnten, wie wir es ständig versuchen. Das »Reich Gottes« liegt in Jesus Christus selbst begründet, in ihm ist es uns schon jetzt nahegekommen. Die erfüllte Zeit ist die Zeit der Gnade, der Gnade Gottes. In Jesu Christus kommt sie auf uns zu und will ergriffen werden. Eindrucksvoll umgesetzt wird dies etwa in der Augsburger St.-Moritz-Kirche: Ein großer, leerer Kirchenraum und eine Christusfigur, die vom Altarraum her auf uns zuzulaufen scheint.

Der Künstler Leo Zogmeyer stellt die beiden Aspekte der Zeit gleichzeitig dar, indem er mitten auf das Zifferblatt einer Armbanduhr groß das Wort *Jetzt* schreibt. Das soll uns daran erinnern, dass immer beides da ist, die Zeit, die vergeht, und der Augenblick, den es wahrzunehmen gilt.

In der Praxis ist es wohl nicht so einfach. Wenn uns die Zeit unter den Fingern verrinnt, wenn wir nichts mehr zu tun haben von all dem, was unseren Tag bisher strukturiert hat, ist da zunächst eine Leerstelle, die nicht sofort als Freiraum erlebt wird. Wie aber gelingt es, diese Situation als *Kairos* wahrzunehmen? Das ist die Schlüsselfrage, der ich mich im Folgenden nähern möchte.

Wie gelingt es mir? Zunächst: Mein Kalender ist leerer, aber nicht ganz leer. Ich werde besucht und eingeladen und auch angefragt. Es gibt nicht wenige Menschen, die ich in den vergangenen Jahren viel zu selten gesehen habe und die mir sagen: »Du hast nun Zeit, jetzt können wir uns doch mal treffen!« Ich habe, wenn auch deutlich reduziert, weiterhin Termine für Beratung und Begleitung per Telefon und Video – und ich habe dieses Buchprojekt.

Als befreiend erlebe ich: Ich habe keine Gesamtverantwortung mehr. Ich muss Entscheidungen, die meine Gemeinschaft betreffen, weder ausführlich diskutieren noch dann verantwortlich fällen. Nicht so sehr die großen, sondern vor allem die vielen kleinen alltäglichen Entscheidungen, noch zugespitzt in dem ersten Jahr der Corona-Pandemie, habe ich als sehr ermüdend erlebt. So ähnlich wird es vielen Menschen ergehen, die ihre Berufstätigkeit beenden.

Als herausfordernd erlebe ich: Ich kann entscheiden, wie ich den Tag, die Woche gestalte, wann ich aufstehe, wie ich wann und wo meditiere, bete, was ich koche, wen ich treffe. Zugleich stehe ich in der altbekannten Spannung individualisierten Lebens: Ich kann, aber ich *muss* auch entscheiden. Wie oft habe ich das in Seminaren mit Studierenden diskutiert! Und wie oft habe ich erlebt, dass sie das freut und zugleich überfordert. Wie will ich leben? Welchen Beruf ergreife ich – jetzt, nicht auf Dauer? Welche Religion »passt« zu mir? Auto, ja oder nein? Welche Schule für mein Kind? Welches soziale Engagement? Kaum ein Bereich ist heute noch selbstverständlich und eindeutig. Nicht einmal das Fernsehprogramm ist eine fixe Größe, auch hier werde ich aufgefordert, selbst Strukturen zu schaffen. In meiner Jugend galt es noch als absolutes No-Go, jemanden während der Tagesschau um 20 Uhr anzurufen. Heute schauen junge Menschen kaum noch analoge Programme. Denn das Allermeiste kann man sehen, wann und wo man möchte, auf dem Tablet oder Smartphone. Dazu die Streamingdienste: *Video on demand* – ich schaue nach Bedarf, könnte man übersetzen. Ja, es ist herausfordernd, heute den Alltag zu bewältigen, auch wenn man allein lebt. Ich leide nicht darunter, kann aber die Menschen verstehen, denen es sehr schwerfällt, tage- oder wochenlang mit niemandem von Angesicht zu Angesicht zu sprechen. Es stellen sich mir Fragen wie: Mit wem bin ich in Resonanz? Brauche ich dazu das unmittelbare Gegenüber?

Ich werde im Folgenden der Frage nachgehen, wie die Zeit der *Freiheit von* – Terminen, Verantwortung und Verpflichtungen – zu einer *Freiheit für* – eine neue Ausrichtung des Lebens auf Gott hin beziehungsweise allgemeiner formuliert, auf das, was mich trägt, was meine Sehnsucht ist, wo ich meine Spur wiederfinden kann – werden kann. Und ich hoffe, dass darin aufleuchten wird, wie solche Zeiten zu einem *Kairos* werden können.

ZUM NACH-DENKEN

- *Chronos* und *Kairos* in meinem Leben: Wie erlebe ich diese Spannung?
- Was ändert sich gerade alles? Was soll sich ändern – was soll bleiben?
- Welche Stimmungen lösen diese Fragen in mir aus?

WÜNSCHEN UND PLANEN

In Zeiten des Umbruchs stellt sich die Frage nach der Lebensgestaltung ganz neu. Wie kommen wir zu praktikablen und klugen Lösungen für die Themen, die vor uns liegen? Und vor allem: Wie kommen wir zu dem, was gerade in dieser Lebensphase richtig ist und uns reifen lässt? Welche Wünsche haben wir, welche Wünsche trauen wir uns zuzugeben? Und was geschieht, wenn sie sich nicht verwirklichen lassen? Denn bestimmte Rahmenbedingungen sind nicht veränderbar und unerwartete Ereignisse gibt es auch immer wieder.

Was wünsche ich mir eigentlich? Und welche Erwartungen habe ich an mich und meine Umwelt? Wenn ich Wünsche formuliere, dann ist damit die Hoffnung verbunden, dass sie sich erfüllen, manchmal habe ich aber bereits die leise Ahnung, dass das nicht unbedingt wahrscheinlich ist oder nicht in meiner Hand liegt. Einer der häufigsten Wünsche, der nach Gesundheit, ist ein gutes Beispiel dafür. Wünsche dürfen sich auch völlig verrückt anfühlen, denn dadurch zeigen sie eine Dimension unserer Persönlichkeit, die im Alltag nie ganz zum Tragen kommen kann. Aus den Märchen und auch aus der Bibel lernen wir allerdings, dass es wichtig ist, klug zu wünschen. So bittet der junge König Salomo, als Gott ihn auffordert, sich etwas zu wünschen, um ein »hörendes Herz«, um sein Volk regieren und Gut und Böse unterscheiden zu lernen (1 Kön 3,9). Das drastische Gegenteil wird im Märchen der Brüder Grimm »Der Fischer und seine Frau« erzählt, in dem die Frau immer extremere Wünsche hat, und als sie schließlich Gott sein möchte, findet sie sich wieder da, wo alles begann: in ihrer armseligen Hütte.

Erwartungen dagegen richten sich konkret an andere Personen oder Institutionen und sind mit einem Anspruch an Verwirklichung verbunden. Ich erwarte, dass meine Schwester mich regelmäßig anruft oder dass die Bank meine Geldgeschäfte zuverlässig abwickelt. Umgekehrt sind wir mit den Erwartungen anderer konfrontiert und müssen immer neu entscheiden, ob wir sie erfüllen wollen oder nicht. Erwartungen haben die Eigenschaft, uns einzuengen und zu bremsen, denn sie machen uns abhängig von einem Geschehen außerhalb unserer selbst. Wenn ich überwiegend Erwartungen habe, gebe ich dem Unerwarteten nur wenig Chancen.

In der Sozialen Arbeit wird zwischen Wünschen und Bedürfnissen unterschieden. Professionell wird daran gearbeitet, Bedürfnisse zu klären und Menschen Wege aufzuzeigen, wie Bedürfnisse besser zu erfüllen sind. In dem Maß wie das gelingt, kann schrittweise eine bessere Lebensqualität hergestellt werden. In einem Realitätscheck geht es dann darum, Wünsche und Bedürfnisse abzugleichen: An der Verwirklichung welcher Bedürfnisse kann ich arbeiten? Ein Beispiel: Wenn eine Jugendliche Profifußballerin werden möchte, um dadurch schnell berühmt und reich zu werden, sollte – je nachdem, ob sie dafür überhaupt die Begabung mitbringt – erst einmal geklärt werden, was sie damit verbindet. Geht es um das Bedürfnis nach Anerkennung oder darum, anders als die Eltern keine Geldsorgen mehr zu haben, oder geht es um die Freude am Sport und am gemeinsamen Wettstreit? Herauszuarbeiten wären dann sowohl die konkreten Bedürfnisse und die ersten Schritte zu deren Umsetzung, wie auch der eine tiefe Wunsch dahinter, der vielleicht so formuliert werden kann: Ich möchte gesehen, anerkannt und geliebt werden als ganze Person, mit meinen Fähigkeiten und Stärken.

Es stellt sich nun die Frage, wie wir bei der Vielzahl von Wünschen, von Wünschenswertem, von Erwartungen und Bedürfnissen zu dem einen grundlegenden Wunsch gelangen können, auf den wir unsere Energie richten wollen. Worauf soll ich mein inneres Navigationsgerät einstellen? Um dem auf die Spur zu kommen, was wir uns im Innersten wünschen und was zu uns als Persönlichkeit passt, können zwei Stichworte hilfreich sein.

AUS DER GRUNDKRAFT SCHÖPFEN

Erinnern wir uns an schöne Momente im Leben oder an ein spezielles Ereignis in der letzten Zeit: Wie war die Situation genau, wann, wo und mit wem war ich zusammen? Wodurch wurde diese Zeit zu einer glücklichen Zeit? Welche Bilder steigen in mir auf? Kann ich ein Gefühl von Leichtigkeit und Lebendigkeit spüren, wenn ich daran denke? Welche Kraft hat mich in diesem Moment getragen?

Er-innern ist ein Prozess, der, wie das Wort sagt, nach innen gerichtet ist: Ich höre auf das, was in meinem Innersten anklingt. Sehr wahrscheinlich hängt diese erfüllte Situation mit Bedingungen zusammen, die unwiederbringlich vorbei sind. Menschen, die nicht mehr da sind, Orte, an denen ich nicht mehr bin, Jugend, Gesundheit, ein aufregender Neuanfang, eine große Liebe ... Wenn man jedoch Erinnerungen nur rückwärtsgewandt als Vergangenes pflegt, kann man leicht ins Sentimentale abrutschen. Ein Zurückholen-Wollen dessen, was nicht mehr zurückkommt, ist eine Sackgasse. Vielmehr gilt es das, was zutiefst gut war, als Teil des gegenwärtigen Selbst neu zu entdecken und in die Gegenwart einfließen zu lassen. Die emotionale Quintessenz daraus soll neu aktiviert werden. Das bedeutet: Kann ich diese Momente von Leichtigkeit und Lebendigkeit in meinen Tag heute hineinbringen? Hilfreich ist es, wenn man sich dazu ein inneres Bild, eine Melodie oder ein Wort als persönlichen Anker für die als erfüllt erfahrene Zeit sucht.

In diesem inneren Aufhorchen darauf, welche Situation man aus dem vielen, was man bereits erlebt hat, ausgewählt hat, liegt der Schlüssel dazu, welche Grundausrichtung sich heute zeigt. In dem Maß, wie ich damit in Verbindung komme, gelingt es mit einiger Übung, zumindest für den Augenblick dem Leben etwas Leichtes, Unangestrengtes, Inspirierendes, Aufregendes, Fröhliches abzugewinnen. Indem man sich mit diesem Gefühl verbindet, kann man sich fragen: Was für ein Typ Mensch bin ich gerade? Welche Eigenschaften habe ich, was macht mich einmalig? Wie soll die Welt aussehen, in der ich leben, arbeiten, Freundschaften pflegen und mich weiterentwickeln möchte? Wenn ich von da aus nochmals auf meine Bedürfnisse und den einen, wesentlichen, darunterliegenden Wunsch schaue: Was zeigt sich mir – Freundschaft, Beziehung, im Herzen weit werden, Verbindung mit einem höheren Ganzen? Und was »bedarf« es, um dem näherzukommen? Da spannt sich der Bogen zu dem, was Arnold Mindell in der prozessorientierten Therapie mit dem Begriff der »Grundkraft« bezeichnet: Aus welcher Quelle speist sich meine Kraft? Denn mit der Energie, die in dieser Form nur ich habe, kann ich meine Aufgaben angehen und lösen. Dazu kann ich mich fragen: Kommt meine innere Stärke aus der Stille? Aus Begegnungen? Aus der Natur? Dem Gebet? Wie kann ich sie benennen? Ist es die Kraft einer Löwin, die ganz entspannt und ruhig lebt, aber im entscheidenden Moment zu voller Größe aufstehen kann, um ihre Jungen zu verteidigen? Oder welches andere Bild kann ich dieser Kraft geben?

MEIN PASSWORT FINDEN

Einen anderen Zugang zum Grundthema unseres Lebens benennt Romano Guardini, wenn er darauf verweist, dass jedem Menschen ein »Passwort« mitgegeben wird. Dabei geht es nicht um meine individuellen Wünsche und Bedürfnisse, sondern um meine Bestimmung. »Heute Nacht, aber es war wohl morgens, wenn die Träume kommen, dann kam auch zu mir einer. Was darin geschah, weiß ich nicht mehr, aber es wurde etwas gesagt, ob zu mir oder von mir selbst, das weiß ich nicht mehr«, schreibt Guardini über die Situation, in der er von diesem Wort erfuhr. Und weiter: »Es wurde also gesagt, wenn der Mensch geboren wird, wird ihm ein Wort mitgegeben, und es war wichtig, was gemeint war, nicht nur eine Veranlagung, sondern ein Wort. Das wird hineingesprochen in sein Wesen, und es ist wie das Passwort zu allem, was dann geschieht.« Mit dem Passwort, so wie wir es heute in der Computersprache verwenden, öffnen wir die Zugänge zu unseren persönlichen Dateien und Daten. Auch in der Version Guardinis öffnet das Passwort Zugänge. Jedoch ist es nicht selbst gewählt, sondern ist uns zugesprochen und muss von uns gefunden werden. Dann kann es uns führen: »Es ist Kraft und Schwäche zugleich. Es ist Auftrag und Verheißung. Es ist Schutz und Gefährdung. Alles, was dann im Gang der Jahre geschieht, ist Auswirkung dieses Wortes, ist Erläuterung und Erfüllung. Und es kommt alles darauf an, dass der, dem es zugesprochen wird, – jeder Mensch, denn jedem wird eins zugesprochen – es versteht und mit ihm ins Einvernehmen kommt.«[1]

Die Suche nach meiner Grundkraft, meinem Passwort, meinem tiefsten Wunsch – all das sind verschiedene Optionen um das zu finden, was mich in der neuen Lebensetappe erden und mir die Richtung weisen kann. Nochmals zusammengefasst geht es darum, aus dem Vielerlei von echten und von außen suggerierten Bedürfnissen sowie eigenen unrealistischen Wünschen den einen, grundlegenden Wunsch herauszudestillieren, den ich heute wahrnehme. Dann kann ich der Grundkraft nachspüren, auf die ich mich in meinem Leben in entscheidenden Situationen verlassen konnte und kann.

Christlich formuliert kann ich darum bitten, das Passwort zu finden, das mir in meinem Innersten zugesprochen wurde. Das Passwort im Sinne Guardinis betont Stärke und Schwäche zugleich. Es zeigt in großem Ernst, dass es eine Unbedingtheit in sich trägt, da »alles« darauf ankommt, es zu verstehen und damit ins Einvernehmen zu kommen. Damit schlägt Guardini die Brücke zu Gott, der es dem Menschen zuspricht.

Gerade in Umbruchszeiten ist es wichtig, die Gegenwart aus dem heraus zu gestalten, was man als das Zentrum seiner Persönlichkeit erkennt. Das wird immer nur bruchstückhaft gelingen. Wir werden nie damit fertig werden zu verstehen und zu verwirklichen, wer wir im Tiefsten wirklich sind. Ob jemand sich im Sinne Guardinis dem von Gott gegebenen Passwort nähern möchte (oder kann) oder auf die innere Grundkraft vertraut oder noch ganz andere Konzepte als hilfreich erlebt – vor allem sollte die konkrete Gestaltung des Lebens schrittweise immer weniger von fremden, äußeren Erwartungen bestimmt sein und mehr von dem, was wir als kongruent für unser Leben erkannt haben.

HÖREN UND GEHORCHEN

In der Tradition Benedikts ist die Königsdisziplin, um in der Beziehung zu Gott die eigene Bestimmung zu finden, das Hören. Mit dem Ruf »Höre!« beginnt er auch seine Regel. Ganze Bibliotheken sind zur Bedeutung dieses Anfangs gefüllt worden. Von Beginn des Weges an geht es Benedikt darum, auf die Stimme Gottes zu hören und das Gehörte im Leben zu verwirklichen. Er steht damit in der Tradition des Volkes Israel, dem das *Shma' Israel*, »Höre, Israel« als täglich zu verrichtendes Gebet auferlegt wurde. Lernen, auf die Stimme Gottes zu hören, muss ein Leben lang eingeübt werden, sodass man auch in schwierigen Situationen dafür offenbleiben kann. Zugespitzt kann die Frage auch lauten: Wie kann ich auf das hören, was mich mehr zu dem macht, was von Gott, dem Passwortgeber, in mich gelegt wurde? Nicht immer muss das ein Mehr an äußerer Lebensqualität sein. Auf die innere Stimme zu hören, heißt nicht, das zu tun, was einem gerade in den Sinn kommt und irgendwie guttut. Es kann auch heißen, in ein Katastrophengebiet zu fahren und einige Tage beim Aufräumen mitzuhelfen. Oder eine Mutter mit zwei Kindern aufzunehmen, die aus einer zerstörten Stadt geflüchtet ist. Wie weit solche Akte dann wiederum der eigenen Weiterentwicklung dienen, wird sich zeigen.

Wir interpretieren im Kloster den schwierigen Begriff des Gehorsams, in dem das Hören steckt, oft als Situationsgehorsam: Hören, was eine Situation gerade erfordert, und dem je nach den eigenen Möglichkeiten folgen. Zu tun, was not-wendig ist, und zwar innerlich frei – das ist die Herausforderung. Vieles ist selbstverständlich und gar nicht groß der Rede wert: auch wenn die Nacht zu kurz war, aufzustehen und den Kindern Frühstück zu machen, die geplante mehrwöchige Wanderung zu unterbrechen, um den kranken Vater zu versorgen. Angesichts der immer unabweisbareren Klimasituation können Entscheidungen wie der Verzicht auf das Auto oder die Reduzierung des Fleischkonsums situative Gehorsamsakte in Verantwortung der Schöpfung gegenüber sein. So verstanden ist Hören, Horchen, Ge-horchen etwas, das es in jedem Leben gibt und nicht an eine Autorität gebunden ist. Gehorchen ist dann letztendlich ein Synonym dafür, dass man das Gehörte und Verstandene und als richtig Erkannte ins Tun umsetzt.

Es geht eben nicht darum, das eigene Denken und Fühlen auszuschalten und »nur meine Pflicht getan« zu haben, eine Formulierung, die uns an die dunkelsten Zeiten Deutschlands erinnert. Von Ignatius von Loyola wird berichtet, dass er einen Bruder, der auf einer Reise all seine Anweisungen detailgenau erfüllt hatte, streng rügte, da er nicht nach den Erfordernissen der Situation gehandelt und die gegebenen Anweisungen *nicht* über Bord geworfen hatte.

Wenn wir diese Gehorsamsakte immer und immer wieder im Alltag einüben, lernen wir, sie nicht zögerlich, sondern rasch umzusetzen, wenn es darauf ankommt. Im Lateinischen wird hierzu häufig das Wort *mox* (rasch, sofort, schnell) verwendet. So etwa, wenn man das Zeichen zum Gottesdienst hört, soll man sofort alles aus der Hand legen und herbeikommen (RB 43,1). Für das morgendliche Aufstehen gilt: »So seien die Mönche stets bereit: Auf das Zeichen hin sollen sie ohne Zögern aufstehen und sich beeilen, einander zum Gottesdienst zuvorzukommen, jedoch mit allem Ernst und mit Bescheidenheit« (RB 22,6).

WENN PLÄNE DURCHKREUZT WERDEN

Mit dem Konzept des Situationsgehorsams klingt schon an, dass Wünsche und Pläne manchmal sehr fragil sind und sich nicht wie erhofft durchführen lassen. Krisen sind Lernorte – das sagt sich so leicht und ist doch so schwer umzusetzen.

Wenn wir die ersten Schritte in eine neue Richtung gegangen sind, haben wir uns vielleicht schon eine Art Fitnessplan für den Körper und für die Seele zurechtgebastelt. Wir sind mit Energie daran gegangen, ihn umzusetzen, und sehen erste Erfolge. Wir haben, bildlich gesprochen, die Ärmel hochgekrempelt und uns in kleinere oder größere Abenteuer gestürzt, und haben jetzt ein sehr klares Bild davon, wie wir unser Leben zukünftig gestalten wollen. Es geht uns gut. Aufgaben, Hobbys, Freundschaften sind dabei, sich neu zu sortieren, wir lernen gerade, neu auf uns und unsere Welt zu blicken. Das macht Freude. Wir sind im »Flow«.

Und dann kommt etwas dazwischen, das nicht geplant war. Ich sehe noch die Bilder der Flutkatastrophe von 2021 vor mir: Menschen, deren Haus sich über Nacht in ein Trümmerfeld verwandelt hat. Eine Künstlerin, die erzählt, dass sie einen von ihr neu gestalteten Raum genau einen Tag benutzt hat und dass ihr nun nur noch der Garten geblieben ist. Andere, die Angehörige verloren haben oder sogar dabei zusehen mussten, wie Menschen in den Fluten untergingen. Und 2022 sind wir damit konfrontiert, dass in der Ukraine Krieg herrscht. Wieder einmal sind Hunderttausende von Menschen auf der Flucht. Solche Extremerfahrungen müssen hoffentlich nur die Wenigsten von uns machen. Aber wir alle kennen wahrscheinlich jemanden, der bestimmte Pläne für das Leben nach der Verrentung hatte, und bei dem durch Krankheit oder Tod des Partners oder durch die notwendig werdende Sorge um alte Eltern plötzlich ganz andere Prioritäten anstehen. Mein Vater plante, nach seiner Pensionierung viel zu reisen. Dann kamen Bandscheibenprobleme und er musste seine Pläne ändern. Und wir haben erlebt, wie uns die Corona-Pandemie zwang, den Berufsstart, große Feiern, Reisen und vieles mehr weit in die Zukunft zu verschieben. Manches wird wohl gar nicht mehr zu realisieren sein.

Je nachdem, wie unsere persönliche Struktur ist, können uns schon kleinere Zwischenfälle ziemlich aus der Bahn werfen. Ein freies Wochenende, das man endlich einmal ganz für sich nutzen möchte – und dann ruft die Freundin an, die gerade in einer schwierigen Trennungsphase ist, ob sie für ein paar Tage Unterschlupf bekommen kann. Nein zu sagen, bringen wir nicht über uns. Gleichzeitig ist klar, was dies bedeutet: lange Gespräche, die uns selbst nicht unberührt lassen. Oder ein verstauchter Fuß, der das geplante Joggingprogramm um Wochen zurückwirft. Ein Bahnstreik, der einen zwingt, eine Reise aufzugeben. Pläne können noch so ausgefeilt und Finanzen noch so gut abgesichert, unsere Gesundheitsvorsorge kann nahezu perfekt sein – dennoch kann von jetzt auf gleich alles auf den Kopf gestellt werden.

Dann ist die Frage, wie ich damit umgehe. Handle ich spontan aus dem Bauch heraus? Sehe ich nur das Bedrohliche oder auch die Chancen? Erkenne ich klar meine Aufgabe? Dazu eine Alltagsgeschichte aus der Bibel: »Die Apostel versammelten sich wieder bei Jesus und berichteten ihm alles, was sie getan und gelehrt hatten. Da sagte er zu ihnen: Kommt mit an einen einsamen Ort, wo wir allein sind, und ruht ein wenig aus! Denn sie fanden nicht einmal Zeit zum Essen, so zahlreich waren die Leute, die kamen und gingen. Sie fuhren also mit dem Boot in eine einsame Gegend, um allein zu sein. Aber man sah sie abfahren und viele erfuhren davon; sie liefen zu Fuß aus allen Städten dorthin und kamen noch vor ihnen an. Als er ausstieg, sah er die vielen Menschen und hatte Mitleid mit ihnen; denn sie waren wie Schafe, die keinen Hirten haben. Und er lehrte sie lange« (Mk 6,30–34). Jesus sucht mit seinen Jüngern einen einsamen Ort, um auszuruhen und mit ihnen allein zu sprechen. Doch das gelingt nicht, weil so viele Menschen seine Gegenwart und seine Worte suchen. So tut er, was die neue Situation erfordert, und lässt sich (vielleicht seufzend) auf diejenigen ein, die ihnen gefolgt waren, um ihn zu hören.

Eine Geschichte, die eher belanglos scheint. Sie zeigt aber zweierlei. Zunächst: Es gibt einen Plan, der darin besteht, dass es eine gute Balance geben muss zwischen dem Auftrag, die Menschen zu lehren, und dem Rückzug, um wieder neue Kraft zu schöpfen. Und die Jünger als Jesu engste Vertraute sollen eine spezielle Zuwendung bekommen. Dann aber zeigt sich, dass es eine größere Not gibt, nämlich dass die Menschen »wie Schafe (waren), die keinen Hirten haben«. Der Schlüsselsatz lautet: »Er hatte Mitleid mit ihnen.« Es sind keine lästigen Fans, sondern er sieht ihre Not – und seine Aufgabe. Und ändert seinen Plan.

Auch große Heilige taten sich schwer damit, von einem Plan, von dem sie überzeugt waren, dass es der Wille Gottes ist, der sich aber als undurchführbar erwies, Abstand zu nehmen und die Richtung zu ändern. Ignatius von Loyola etwa, der viele Hindernisse überwinden musste, um nach Jerusalem zu gelangen, wo er an den Heiligen Stätten leben und sich der Pilger annehmen wollte. Nach heftigen Auseinandersetzungen mit den dort ansässigen Franziskanern musste er erkennen, dass dies nicht sein Ort und seine Aufgabe waren, und kehrte um. Er fuhr zurück über das Meer nach Barcelona, von wo dann sein Weg weiterging und er die Gründung des Jesuitenordens erstmals ins Auge fasste.

In der Apostelgeschichte wird von den Reiseplänen des Paulus Folgendes berichtet: »Weil ihnen aber vom Heiligen Geist verwehrt wurde, das Wort in der Provinz Asien zu verkünden, reisten sie durch Phrygien und das galatische Land. Sie zogen an Mysien entlang und versuchten, Bithynien zu erreichen; doch auch das erlaubte ihnen der Geist Jesu nicht. So durchwanderten sie Mysien und kamen nach Troas hinab. Dort hatte Paulus in der Nacht eine Vision. Ein Mazedonier stand da und bat ihn: Komm herüber nach Mazedonien und hilf uns! Auf diese Vision hin wollten wir sofort nach Mazedonien abfahren; denn wir kamen zu dem Schluss, dass uns Gott dazu berufen hatte, dort das Evangelium zu verkünden« (Apg 16,5–10). Paulus vertraut der Botschaft des Traums und ändert seine ursprünglichen Pläne.

Manche Menschen haben kaum je einen ausgefeilten Plan und es gelingt ihnen trotzdem recht gut, Tag für Tag im Jetzt zu leben. Sie tun sich daher auch leichter, wenn ihre Pläne durchkreuzt werden. Sich treiben, mitreißen zu lassen, auch mal zu stranden – das sind eher Lebensentwürfe junger Menschen. Einige Monate Australien, dann wieder Portugal, dann irgendwann ein Studium oder eine praktische Ausbildung beginnen. Das Leben auf diese Weise zu führen, bringt große

Lebendigkeit und viele gute Erfahrungen, auf denen sie später aufbauen können. Denn spätestens, wenn es um Familiengründung geht, braucht es eine gewisse Vorsorge und Planung. Ein Freund etwa, der ein leidenschaftlicher Mountainbiker war und bei waghalsigen Touren schon einige gefährliche Stürze erlebt hatte, gab diesen Sport schlagartig auf, als sein kleiner Sohn geboren wurde.

Was also ist zu tun? Der erste Schritt ist, anzuerkennen, was jetzt die neue Realität ist. Das ist – je nach Schwere des Ereignisses – entweder unbequem oder ein wirklicher Schock. Aktuell muss man häufig einfach nur etwas tun: Keller müssen ausgepumpt, jemand muss ins Krankenhaus begleitet, eine Familie muss aufgenommen, eine Beerdigung organisiert werden. Oder man muss, wie im biblischen Beispiel, Menschen Zuwendung, Gehör und gute Worte schenken.

Zweitens gilt es, Handlungsspielräume zu prüfen: Was liegt in meiner Hand? Einen Schritt zurücktreten, sich orientieren, sich Zeit lassen und erwägen, was ist jetzt möglich? Was kann ich wie steuern? Und was nicht? Wie kann ich gelassener werden?

Wichtig ist, in guter Verbindung zu bleiben zu dem, was man als Kraftquelle in sich spürt. Im Gegensatz zu den oberflächlichen Bedürfnissen, die uns dazu verführen, etwas möglichst schnell oder mit wenig Aufwand abzuhaken und vor allem ohne etwas bei uns selbst zu ändern, geht es in Krisensituationen darum, sehr bewusst die eigene Aufgabe zu sehen und sich der Kraft zu vergewissern, die einen trägt. Jesu Auftrag lag unverändert darin, zu lehren und zu heilen, auch wenn er und seine Jünger es gerne langsamer angehen lassen wollten an jenem Abend. Ähnliches gilt für Ignatius und Paulus.

Und für uns? Nach der ersten Phase der spontan notwendigen Umorientierung, wenn die entscheidenden Weichen gestellt und das Dringendste getan ist und sich Erschöpfung einstellt, ist es wichtig, dass wir die innere Trennung von unseren Ideen oder die reale Trennung von einem geliebten Menschen, einem Ort, von enttäuschten Hoffnungen und so weiter nachholen. Wir sollten uns genügend Zeit nehmen, um uns von dem schönen Plan mit all seinen Facetten zu verabschieden. Das dauert je nach Schwere des Einbruchs länger oder kürzer. Es kann hilfreich sein, sich dazu professionelle Unterstützung zu holen. Schritt für Schritt wird dann die neue Situation angeschaut und eine neue Perspektive erarbeitet. In unterhaltsamer Weise zeigt uns das die Netflix-Serie »Queer Eye«, die es mittlerweile auch in deutscher Version gibt. Eine Gruppe von fünf Profis, deren queere Orientierung zu ihrem Markenzeichen zählt, helfen einem Menschen innerhalb einer Woche seinem Äußeren, seiner Wohnumgebung, seinen Gewohnheiten und vor allem seiner Einstellung zum Leben eine Wende zu geben. So kann (serienwirksam) ein erster Schritt heraus aus Trauer, Einsamkeit und großer Unsicherheit getan werden.

Manche Menschen haben zu ihrer eigenen Beruhigung von vornherein immer einen »Plan B« in der Tasche. Doch wenn wir auch das eigene Leben so gut wie möglich absichern, auf die weltweiten Dynamiken des Klimas, der Wirtschaft, der Politik haben wir als Einzelne keinen direkten Einfluss. Ein »Plan B« gibt eine gewisse Sicherheit. Ein Alternativszenario dazuzulegen, kann den Horizont erweitern. Ich muss mich dann aber fragen: Folgt »Plan B« dem gleichen Muster oder lasse ich mich darauf ein, bisher Gültiges zurückzulassen? Suche ich also sogenannte Lösungen zweiter Ordnung? Das bedeutet, erhöhe ich den Druck durch immer mehr desselben, also zum Beispiel wieder eine Diät, an deren Ende man gleich wieder zunimmt, oder beginne ich mit der Umstellung der Ernährung. Wenn die Spritpreise steigen: bemühe ich mich, weniger mit dem Auto zu fahren? Oder probiere ich andere Möglichkeiten aus, zum Beispiel Fahrgemeinschaften? Wichtig ist es, konkrete kleine Schritte zu planen in dem Maß, wie man eine realistische

Perspektive vor sich sieht und sie in guter Balance gehen kann. Selbst dann, wenn rundherum manches im Leben ins Wanken geraten ist. Dann können enttäuschte Hoffnungen Neuland zeigen.

Das Stichwort heißt: neu justieren. Wenn der Wind uns in die falsche Richtung gedrückt hat, das Navigationsgerät neu einstellen und die Segel setzen, das eigentliche Ziel wieder in den Blick nehmen, um mit Hilfe der inneren Grundkraft konsequent auf den Kurs zu kommen, den uns das Passwort weist.

ZUM NACH-DENKEN

› Was ist mein größter Wunsch für die kommende Lebensphase?

› Welche Grundkraft spüre ich in mir? Welches Bild verbinde ich damit?

› Ich spüre dem Passwort meines Lebens nach. Was daran macht mir Angst, was bringt mich in freudige Spannung?

WO WOHNST DU?

Wenn sich die Lebensumstände radikal verändern, muss man vieles, was bisher selbstverständlich gesetzt war, neu klären. Existenziell gehört dazu die Frage nach dem Ort, an dem man zu Hause ist oder sein wird: Wie soll mein Wohnumfeld aussehen, das jetzt zur mir passt? Wie will, ja, wie soll ich leben? Was ist jetzt in der neuen Etappe dran? Dazu gehört zentral, dass ich abwäge, ob der Ort, die Wohnung, die Einrichtung mich darin unterstützen, mein Leben so zu gestalten, wie es mir vorschwebt. Es geht nicht darum, mich dem Markt der Möglichkeiten auszusetzen und aus dem Angebot auszuwählen, was ich gerne hätte. Das trägt auf Dauer nicht. Stattdessen sollte ich mich auf das Fundament besinnen, auf dem ich heute stehe. Von da aus kann ich mich dann fragen: Welche neuen Möglichkeiten sehe ich? Was kann ich zurücklassen? Sehe ich schon eine innere Landkarte vor mir? Dass eine neue Lebensphase beginnt, will ich ernst nehmen. Und wenn ich mich innerlich öffne und genau hinhöre, werde ich vielleicht eine leise Vorfreude verspüren auf das, was kommen mag.

Immer wieder werden uns in der Bibel Geschichten des Neuanfangs berichtet. Doch in diesen Anfängen wird nie klar, worauf es hinausläuft. Wenn beispielsweise die beiden Jünger des Johannes, deren Namen wir nicht kennen, Jesus, den sie gerade zum ersten Mal erlebt haben, fragen: »Rabbi, wo wohnst du?«, scheint das auf den ersten Blick eine Verlegenheitsfrage zu sein (vgl. Joh 1,38). Eigentlich wollen sie wissen: Wer bist du? Was sollen wir von dir halten? Er hat etwas in ihnen angestoßen, was sie vielleicht schon in sich gespürt hatten, aber so neu für sie war, dass sie es bisher nicht bewusst wahrnehmen konnten. Nun wurde es durch die Begegnung mit ihm leise und vorsichtig zum Leben erweckt. Jesus nimmt sie mit, und auf diese Weise lernen sie ihn erst einmal etwas näher kennen. Wir können uns ausmalen, wie der Abend weiterging: lange Gespräche bei Brot, Käse, Wein. Sie sehen, dass er eine Bleibe hat, und sie nehmen wahr, was ihm wirklich wichtig ist. So kann ganz unmerklich Neues beginnen. Welche Konsequenzen dieser erste Schritt hat, ob es schön wird, miteinander zu gehen, und was da sonst auf sie zukommt, das steht in diesen Stunden nicht zur Debatte. Für das, was ihr Leben Schritt für Schritt radikal verändern wird, ist in diesem entscheidenden Moment jedoch der Grund gelegt.

So ähnlich geht es auch uns heute, wenn wir jemanden das erste Mal in seiner Wohnung besuchen und einen Blick auf seine Einrichtung und, je nachdem, auf seine Bücherauswahl oder seine Sammelstücke oder das, was seine Wohnung sonst zeigt, werfen dürfen. Sehr schnell entscheidet sich unbewusst, ob dieser erste Kontakt weiterhin trägt.

ERWARTUNGEN AN MEINE WOHNUNG

Wo wohnst du? Wo wohne ich? Mit dieser schlichten Frage, die sich auf mehreren Ebenen entfalten lässt, beginnen wir unsere Überlegungen. Bleibe ich im gewohnten Umfeld? Wechsle ich den Ort? Vergrößere oder verkleinere ich meinen Wohnraum? Wenn die Phase der Berufstätigkeit vorbei ist: Was mache ich mit all den Unterlagen, die ich bisher gebraucht habe? Das kann Material für den Unterricht sein, Nachschlagewerke, Fachbücher, Bastelmaterial für Kinder und so weiter. Vielleicht steht das radikale Verringern der Dinge, die mir über Jahrzehnte gedient haben, noch nicht an, aber es ist auf alle Fälle notwendig, dass ich mich dieser Frage stelle: Was von den Gegenständen, die mir lange Zeit gute Dienste getan haben, darf in die nächste Lebensphase mitkommen? Und wovon verabschiede ich mich in Dankbarkeit, damit Platz für Neues ist?

»Was ist deine Absicht in deinem Haus?« – »What is your intention in your home?«, diese Frage stellt die Aufräum-Expertin Marie Kondo gerne, wenn es um die Neugestaltung eines Hauses geht. Soll der aktuelle Wohnraum für den Rest des Lebens mein Zuhause sein? Soll es ein Rückzugsort sein? Ein Ort, an dem ich denken und mich besinnen kann? Oder möchte ich ein offenes Haus schaffen, in dem ich häufig Gäste empfange, möglicherweise so etwas wie einen literarischen Salon? Halte ich vielleicht sogar jederzeit die Türen für die Nachbarinnen offen, wie das die Kleinen Schwestern von Jesus in der Nachfolge des Charles de Foucauld praktizieren? Möchte ich mir einen neuen Raum exklusiv zur Meditation einrichten, für Yoga, künstlerisches oder handwerkliches Arbeiten? Ist meine Wohnung eine Art Basiscamp, von dem aus ich immer wieder zu großen Reisen aufbreche? Ist sie eine Zwischenstation, weil ich auf etwas ganz anderes warte? Wie immer ich diese Frage beantworte: Auch Provisorien wollen gestaltet werden, denn sie können lange, vielleicht sogar ein Leben lang halten.

Berthold Brecht beschreibt die Ambivalenz des Lebens im Provisorium, das langsam zur Bleibe wird, in seinem Gedicht »Gedanken über die Dauer des Exils« sehr plastisch: »Schlage keinen Nagel in die Wand. Wirf den Rock auf den Stuhl. Warum vorsorgen für vier Tage? Du kehrst morgen zurück. Lass den kleinen Baum ohne Wasser.« Aber spätestens dann, wenn er sich dabei ertappt, den kleinen Baum zu gießen, weiß er, dass das ein Provisorium für längere Zeit sein wird.[2]

Letztendlich ist unser ganzes Leben ein Provisorium und will dennoch bewusst gelebt und gestaltet werden. In diesem Paradox steckt eine große Herausforderung. Provisorien sind die idealen Vermittler zwischen Chaos und strikter Planung.

Auf Dauer im Chaos zu leben, ist für die meisten Menschen zu frustrierend, da alles ständig neu entschieden werden muss. Hundertprozentige Planung ist aber ebenfalls nicht möglich. Das Provisorium ist keine Antwort, aber es hält die Frage lebendig: Was ist richtig? Sie ist nur selten abschließend zu beantworten.

Chaos und Ordnung kennzeichnen die Extrempole unseres sichtbaren Lebens in der Gegenwart. Beides muss in Balance gebracht werden, Tag für Tag neu. Wir erleben, dass dieses Hin und Her zwischen Planen und Ordnen auf der einen Seite und der Erfahrung, dass das Durcheinander uns beständig wieder einholt, auf der anderen Seite zu unserem Alltag dazugehört. Phasenweise ermüdet es uns sehr, wenn es uns nicht sogar verzweifeln lässt. Ein Ausweg zeigt sich dann, wenn es uns gelingt, innezuhalten, durchzuatmen, den Blick zu heben und uns zu fragen: Worum geht es denn wirklich in meinem Leben? Woher kommen mir Kraft, Freude, Zuversicht und innere Ruhe? Wie kann ich diese Kraftquelle in meinem Inneren finden? Und wie kann ich mich aus der Horizontalen heraus »nach oben« verbinden, wie auch immer ich dieses »Oben« für mich nenne?

All dies will überlegt und meditiert werden, damit ich dann Schritt für Schritt mein Wohnumfeld entsprechend meinem Lebensentwurf gestalten kann. Ich will hier keine Einrichtungs- oder Aufräumtipps vermitteln, dazu gibt es mehr als genug Ratgeberinnen in den sozialen Medien. Ich will nur dazu einladen, sich die Frage danach, wie ich in gute Resonanz mit meiner Wohnumwelt kommen kann, zu stellen.

DEM HAUS ZUHÖREN

Die Frage nach der für mich passenden Umgebung stellt sich ebenso umgekehrt: Was erwartet ein Haus von mir? Es kann mir ganz neue Möglichkeiten eröffnen, wenn ich mich mit der Geschichte und den Menschen, die vor mir hier gewohnt haben, konfrontiere. Was bedeutet es beispielsweise, wenn ich in ein Kloster eintrete und fortan an einem Ort weile, an dem seit über tausend Jahren Menschen zusammen gelebt und gebetet haben? In einem Gebäude, das zwar vorsichtig renoviert und modernisiert wurde, dessen Mauern jedoch unzählige Schicksale begleitet haben? Was heißt es für mich, wenn dazu die ganz besondere Umgebung des neuen Wohnortes kommt?

Nicht jeder wird gleich ein altes Bauernhaus in der Toskana beziehen, geschweige denn in eine Abtei in einem ganz anderen Land eintreten. Einige meiner Mitschwestern haben genau Letzteres getan: Auf der Suche nach der passenden monastischen Lebensweise kamen zunächst vier tschechische Schwestern über Polen zu uns nach München. 2007 sind dann einige von ihnen zusammen mit einer deutschen Schwester nach Prag aufgebrochen und haben dort eine Neugründung gewagt – ausgerechnet an einem Wallfahrtsort mit einer sehr schweren Geschichte: Auf dem Weißen Berg wurde im Jahr 1620 eine entscheidende Schlacht des Dreißigjährigen Krieges von den Truppen der Habsburger Seite gewonnen. Für Tschechen ist der Ort bis heute ein Symbol für die jahrhundertelange aufoktroyierte Dominanz deutscher und katholischer Macht, was durch die deutsche Okkupation 1938 und die Eingliederung des Sudetenlandes in das Deutsche Reich nochmals verstärkt wurde. Unsere tschechisch-deutsche Gemeinschaft sieht ihre Aufgabe darin, im Geist der Versöhnung zwischen den Nationen, in der Ökumene und im interreligiösen Dialog zu leben und damit diesem Ort eine neue Strahlkraft zu geben.

So will jedes Haus zu uns sprechen. Was ist, wenn ich beispielsweise das Haus der Eltern erbe und mich entschließe, es zu bewohnen? Oder wenn ich ein altes Haus auf dem Land beziehe, wenn ein kleines Dorf der Ort meiner Wahl ist? Oder die Großstadt? Oder wenn der endgültige Umzug ins Seniorenheim ansteht? Jedes Haus und jeder Ort haben eine Geschichte, die wirksam ist. Nicht jedem gelingt es, zu dem Ort in Resonanz zu kommen, den er sich vielleicht zunächst ausgesucht hat. Die Geschichte manches Hauses kann zu schwer sein, wenn etwa die Vorfahren oder man selbst dort Schreckliches erlebt hat. Vertreibung, Enteignung, Mord – all das hat sich in manchen Häusern tief in die Steine eingegraben. Durch junge Menschen einer anderen Generation und durch konsequente Aufarbeitung dessen, was geschehen ist, kann jedoch eine Neubesiedlung gelingen.

Eine Freundin erzählte mir von einem Aufenthalt in einem Hotel. Sie wollte der Romantik wegen unbedingt im Turmzimmer übernachten. Nachts überfielen sie Alpträume von einem Verließ mit elend angeketteten Gefangenen. In der Chronik des Hotels konnte sie später nachlesen, was sie zuvor nicht wusste: Der Turm wurde über Jahrhunderte hinweg als Gefängnis genutzt.

Wenn ich an dem Ort bleibe, an dem ich auch bisher schon gewohnt habe, gilt es, besonders aufmerksam eine gute Balance zu finden zwischen dem, was war, und dem, was nun kommt. Ich zolle dem Respekt, was bisher zu meinem Leben gehört hat, und gleichzeitig ist es notwendig, Raum zu schaffen für das, was jetzt ansteht. Daher ist es wichtig, dass die Räume, in denen ich nun leben werde, so ausgestattet sind, dass sie mein aktuelles Leben gut begleiten. Wenn ich mir die Zeit nehme und in aller Ruhe durch die einzelnen Zimmer, die ich bewohne, gehe, werde ich manches sehen, was ich nicht mehr brauche, weil es zu dem gehört, was eindeutig vergangen ist, etwa die Gesamtausgabe einer Schriftstellerin, deren Werk ich sicher nicht mehr lesen werde. Anderes kann ich vielleicht neu ins Licht heben und mich über die Wiederentdeckung einer schönen alten Vase freuen. Es ist eine gute

Übung, Einzelstücke in die Hand zu nehmen, um zu erspüren, ob sie zu meinem gegenwärtigen Leben passen. Dann kann ich abwägen, was ich exemplarisch aufheben möchte, weil es für eine wichtige Epoche meines Lebens und ein spezielles Thema steht. Wir sollten respektvoll mit unseren Erinnerungen umgehen, aber nicht in einer Zeitkapsel steckenbleiben.

Für die Ferienwohnung, die ich bezogen habe und die von verschiedenen Menschen genutzt wird, habe ich den starken Wunsch, sie für mich vorübergehend so einzurichten, wie es zu meiner jetzigen Situation passt. Ich kann keine Möbel austauschen, aber ich kann sie umgruppieren und neue Akzente setzen. In den ersten Wochen fällt mir immer wieder ein Schrank ein, in dem sich in den letzten Jahren Dinge angesammelt haben, die nicht mehr hierhergehören. Also räume ich Schublade für Schublade, Fach für Fach aus, beschrifte Vorratsdosen und so weiter. Ich richte mir einen Arbeitsplatz ein, an dem ich gut einige Stunden am Tag sitzen kann. Es ist die erste Zeit der Corona-Pandemie und es herrscht immer wieder Lockdown. Ich ertappe mich dabei, dass ich zu Beginn meines Aufenthaltes so manche Stunde damit verbringe, auf Netflix, YouTube oder in Mediatheken Videos anzuschauen zu den Themenbereichen »Aufräumen«, »Neu gestalten«, »Bauen«. So komme ich an und komme zu mir. Ich nehme wahr, dass diese Phase dazugehört. Erst wenn meine Umgebung und meine Pläne für diese Zeit in einer guten Schwingung sind, kann ich es auch wieder lassen. Und weitergehen.

Umgekehrt gilt es, der Geschichte des Hauses, in dem ich nun einige Zeit verbringen werde, Respekt zu zollen. Es wurde unserer Gemeinschaft nach dem Zweiten Weltkrieg von einer Frau, die als »halbjüdisch« galt, vermacht. Der Vater begann 1938 mit dem Bau, musste aber emigrieren, bevor es endgültig fertiggestellt wurde. Die Tochter überstand die Kriegszeit an einem anderen Ort. Das Haus wurde von den Nationalsozialisten okkupiert und diente zeitweise dazu, Richtantennen für militärische Zwecke herzustellen. Die Familie hat es nie bewohnt. Nach dem Krieg kam es durch die Freundschaft mit unserer Gründerin in unsere Hände. Diese Geschichte ist, wie viele aus dieser Zeit, äußerst komplex. Sie soll hier exemplarisch für das stehen, wie Vergangenes systemisch mit einem Haus verbunden ist. Mir war es wichtig, einem Ölbild mit dem Portrait der früheren Besitzerin einen guten Platz in den Räumen zu geben.

Ich selbst habe mich also zunächst eine Zeit lang intensiv mit Aufräumen und mit Aufräumbüchern und -videos beschäftigt. Ich teile dieses Anliegen mit vielen Menschen in Zeiten, in denen uns die Berge materieller Güter buchstäblich über den Kopf wachsen. Wir besitzen zwar im Kloster nichts als persönliches Eigentum, aber umso mehr kann das angehäuft werden, was allen gemeinsam gehört. Die Vorgabe der Benediktsregel, dass alles im Kloster »wie heiliges Altargerät« behandelt werden soll, hat durchaus zwei Seiten. So werden auch solche Dinge sehr sorgfältig gepflegt und konserviert, die niemand mehr benutzt, die aber, je mehr es werden, den Raum für Neues verstellen können. Das gilt buchstäblich für den alten Schirmständer oder größere Mengen von silbernem Vorlegebesteck, das frühere Generationen beim Eintritt mitgebracht haben. Daher sollte gemäß der Regel des heiligen Benedikt immer dann, wenn etwas Neues kommt, etwas Altes abgegeben werden (RB 55,9).

Dieser Grundsatz gilt ebenso für althergebrachte Usancen, die gerne kommentiert werden mit: »Das haben wir schon immer so gemacht.« Gerade hier ist es wesentlich, genau hinzuschauen und zu überlegen, was von eingefahrenen Verhaltensweisen noch passt oder woraus wir eigentlich längst herausgewachsen sind wie aus einem alten Kleidungsstück. Organisationen sind gut beraten, darauf zu hören, wenn Neue unbedarft nachfragen: »Warum macht ihr das so? Man könnte es doch auch anders machen.« Mancher Arbeitsablauf konnte auf diese Weise schon vereinfacht werden. So haben wir, um nur zwei kleine Beispiele zu nennen, aufgehört, uns über die vielen Fahrräder zu ärgern, die ständig die Zugänge zum Haus versperrten, und einen großzügigen Fahrradabstellplatz angelegt. Und wir haben schon vor Längerem mit dem ungeschriebenen Gesetz gebrochen, dass zu einem Sonntagsessen immer Fleisch gehören muss. Im Privatleben kann es eine Freundin oder eine jüngere Verwandte sein, die uns hilfreich spiegelt, was ihr auffällt. Beides hängt zusammen: die Schwerfälligkeit, von Gewohnheiten zu lassen, die keinen Sinn mehr ergeben oder sogar der Umwelt und der Gesundheit gegenüber nicht mehr zu verantworten sind. Andererseits das Festhalten an materiellen Dingen, an die man sich gewöhnt hat, und das Gefühl der Erleichterung, wenn wieder etwas reduziert wurde. Weniger ist auch hier oft mehr.

Irgendwann sollte der Prozess des Räumens und Umgestaltens jedoch abgeschlossen sein, um nicht in der Endlosschleife des »Immer-Besser« hängenzubleiben. Denn der Wunsch nach Perfektion verstellt leicht den Weg zum nächsten Schritt. Wer für solches offen ist, kann sich dann die so geleerten und gestalteten Räume durch einen Segen und angenehme Duftsprays noch mehr zu eigen machen.

IN MIR SELBST WOHNEN

Egal, wohin es mich zieht oder wie ich meine Umgebung umgestalten möchte, die grundlegende Frage, die dem Ganzen eigentlich vorausgeht, lautet: Halte ich es mit mir aus? Bin ich in mir selbst angekommen? Denn wenn ich einfach nur die äußere Umgebung wechsle, ohne zu einer inneren Ahnung davon zu kommen, dass es mir möglich ist, in mir selbst zu stehen und mich aus meiner inneren Kraftquelle heraus weiterzuentwickeln, werde ich an jedem neuen Ort wieder vor den gleichen Problemen und Fragen stehen. Ich werde den idealen Ort, an dem alles – die Menschen, die Natur, die Kultur und so weiter – für mich stimmt, nicht finden.

In benediktinischer Tradition ist das die Frage nach dem »Wohnen bei sich selbst« (lateinisch: *habitare secum*). Die Vita Benedikts, der um das Jahr 500 lebte, ist uns durch Papst Gregor den Großen überliefert. Es wird erzählt, dass Benedikts Weg mit einem radikalen Rückzug begann: »Er stammte aus angesehenem Geschlecht in der Gegend von Nursia. Zu Ausbildung und Studium wurde er nach Rom geschickt. Dabei sah er viele in die Abgründe des Lasters fallen. Deshalb zog er den Fuß, den er gleichsam auf die Schwelle zur Welt gesetzt hatte, wieder zurück, damit nicht auch er von ihrer Lebensart angesteckt werde und so schließlich ganz in bodenlose Tiefe stürze. Er wandte sich also vom Studium der Wissenschaften ab und verließ das Haus und die Güter seines Vaters. Gott allein wollte er gefallen, deshalb begehrte er das Gewand gottgeweihten Lebens. So ging er fort: unwissend, doch erfahren; ungelehrt, aber weise.«

Nach dem Aufenthalt in einer Gemeinschaft frommer Männer auf dem Land, wo er ein kleines Wunder wirkte, verließ er diesen Ort, nicht zuletzt, um der Bewunderung der Menschen zu entfliehen. Er zog sich an einen einsamen Ort zurück, der heute Subiaco heißt, ungefähr vierzig Meilen von Rom entfernt. »Dort entspringt eine starke Quelle mit frischem, klarem Wasser. Es sammelt sich in einem weiten See und wird dann zu einem Fluss. [...] Auf der Flucht dorthin traf ihn unterwegs ein Mönch namens Romanus und fragte ihn, wohin er wolle. Als dieser den Wunsch Benedikts erfuhr, leistete er ihm Hilfe, ohne mit jemand anderem darüber zu sprechen. Er gab ihm das Gewand gottgeweihten Lebens und stand ihm bei, soweit er konnte. An dem genannten Ort angekommen, zog sich der Mann Gottes in eine ganz enge Höhle zurück und blieb dort drei Jahre. Kein Mensch außer dem Mönch Romanus wusste etwas davon.« Romanus lebte nicht weit entfernt in einem Kloster und versorgte Benedikt in seiner Höhle heimlich, ohne Wissen seines Abtes, mit Brot, »das er sich vom Munde absparen konnte. Vom Kloster des Romanus führte aber kein Weg zur Höhle Benedikts, weil der Fels oberhalb der Höhle steil aufragte. Romanus ließ daher das Brot immer von diesem Felsen an einem langen Seil hinab; an dem Strick befestigte er auch eine kleine Glocke, damit der Mann Gottes an ihrem Klang erkennen konnte, dass ihm Romanus das Brot brachte. Dann kam er heraus, um es anzunehmen. Doch der Alte Feind blickte mit Neid auf die Liebe des einen und auf die Stärkung des anderen. Als er eines Tages sah, wie das Brot herabgelassen wurde, warf er einen Stein und zerschlug die Glocke. Romanus ließ sich aber nicht davon abbringen, nach Kräften zu helfen« (D II, 1).

Was Benedikt in der Höhle erlebt hat, wie er neben Gebet und Mahlzeiten seinen Tag gestaltete, welche inneren Kämpfe er auszufechten hatte, davon wird uns nichts erzählt. Wir können nur rückblickend erahnen, wie in der Höhle die Grundlagen zu all dem gelegt wurden, was er später lebte und lehrte. Von den Elementen dieser sorgsam komponierten Vita greife ich einige wenige heraus.

Der einsame Ort. Nehmen wir das Leben in der Höhle als Bild für eine Etappe auf dem Weg eines Menschen, der Gott sucht. Benedikt, der »Gesegnete« (so wird der Name Benedetto übersetzt), ist auf dem Weg, seinem Namen gerecht zu werden. Der erste Schritt dazu ist, dass er vieles loslassen muss, und lernen, worauf es wirklich ankommt. Übertragen auf unsere Gegenwart kann das heißen, dass man sich sehr verloren fühlt, wenn nach Trennung, Tod oder dem Auszug der Kinder gewohnte Routinen wegbrechen und wir uns sozusagen in der einsamen Höhle wiederfinden. Benedikt zeigt uns, dass wir diese Entscheidung auch selbst wählen können. Nach einer gewissen Trauerphase gelingt es so vielleicht, die neue

Situation bewusst anzunehmen und wahrzunehmen, dass hier Heilsames geschehen kann. Dazu muss ich mich aber fragen: Wo oder was sind die Quellen, aus denen ich nun mein Wasser schöpfe?

Ein hilfreicher Mensch. Drei Jahre, so wird erzählt, bleibt Benedikt in der Höhle. Versorgt wird er von dem Mönch Romanus, der am Ende der drei Jahre kommt, um mit ihm Ostern zu feiern. Ostern – das Fest, das den Durchbruch vom Tod zum Leben markiert. Denn dass Ostern ist, hätte er sonst in seiner Isolation gar nicht erfahren. Danach stellt sich Benedikt den Aufgaben der Welt. Den Mönch Romanus hatte er nicht gesucht, wohl aber seine Hilfe gerne angenommen. Auch für uns ist es gut, wenn wir in ungewohnten Situationen mit wachem Herzen und offenen Sinnen danach ausschauen, wer uns hilfreich zur Seite stehen möchte, und dass wir diese Hilfe annehmen.

Der »Alte Feind«. So wird in der Benediktsvita der Komplex von äußeren Widrigkeiten, inneren Versuchungen und alten Mustern benannt. Der »Alte Feind« versucht immer wieder, den Menschen vom einmal eingeschlagenen Weg abzubringen. Dies ist ein großes Menschheitsthema, schon die Wüstenväter und -mütter kannten es. Wie sollen wir damit umgehen? Die christliche Tradition verweist hier auf das beständige innere Gebet, das sogenannte Herzensgebet, welches nur aus wenigen Worten besteht, zum Beispiel: »Jesus Christus, erbarme dich.« Oder das Wiederholen eines Wortes aus der Heiligen Schrift wie ein Mantra, etwa: »Ich fürchte kein Unheil, du bist bei mir« (aus Psalm 23). Damit ist nicht gemeint, dass Prozesse des Aufspürens von Fallen, die wir uns selbst immer wieder stellen, durch das Gebet übersprungen werden können. Alten Mustern soll, soweit möglich, auf den Grund gegangen werden. Fromme Methoden des *Spiritual bypassing* (also der Illusion, man könne durch möglichst viele Gebete eine Art Bypass legen, um Probleme zu umgehen) sind langfristig nicht tragfähig. Dies vorausgesetzt, kann es durchaus hilfreich sein, sich immer wieder ein Wort wie einen Anker zu setzen, der einen bei Angst oder Trauer oder Zorn oder anderen Zuständen zurückholt in den eigenen Stand und der uns offen dafür macht, dass die gegenwärtige Enge nicht das letzte Wort ist. Die kürzeste Definition von Religion ist Unterbrechung, so hat es der Theologe Johann Baptist Metz einmal formuliert. Also kann religiös zu reagieren auch heißen, dass man sich nicht von der Welle der Emotionen überfluten lässt, sondern zunächst einen kleinen Moment innehält und Atem holt. Sich wieder spürt. Frei wird, den eigenen Gefühlen und Begehrlichkeiten gegenüber.

In der Vita Benedikts lesen wir, dass er nach der Höhlenerfahrung mit einer Gruppe von Mönchen zusammenlebte, es ihm aber nicht glückte, sie vom rechten Weg des Lebens in Gemeinschaft zu überzeugen. Am Ende hatten sie sogar versucht, ihn zu vergiften. Weiter heißt es: »Dann kehrte er an die Stätte seiner geliebten Einsamkeit zurück. Allein, unter den Augen Gottes, der aus der Höhe herniederschaut, wohnte er in sich selbst« (D II,3,5). Gregor fährt fort: »Hätte der heilige Mann die Brüder, die sich einmütig gegen ihn verschworen hatten und deren Lebensweise sich von der seinen sehr unterschied, lange unter Zwang führen wollen, so hätte er vielleicht seine Kräfte überfordert, die innere Ruhe verloren und das Auge seines Geistes vom Licht der inneren Schau abgewandt. Wenn er, Tag für Tag von ihrer Unverbesserlichkeit ermüdet, weniger auf sich selbst geachtet hätte, dann hätte er vielleicht sich selbst verloren, ohne die anderen zu finden. Sooft wir nämlich durch die Unruhe der Gedanken zu sehr aus uns herausgeführt werden, sind wir zwar noch wir selbst, aber nicht mehr in uns selbst; denn wir verlieren uns selbst aus dem Blick und schweifen anderswo umher« (D II,3,6). So, wie es auch in den Evangelien von Jesus berichtet wird, zog sich Benedikt immer wieder in die Einsamkeit zurück und ging gestärkt daraus hervor.

Nicht nur in seiner Lebensgeschichte, sondern ebenso in seiner Mönchsregel ist öfters vom »Wohnen« die Rede. Denn für die Menschen, die, ob im Kloster oder nicht, nach dieser Regel leben wollen, muss es ein Herzensanliegen sein, »in sich selbst« beheimatet zu sein und eben nicht irgendwo umherzuschweifen. Explizit wird dies im 58. Kapitel gesagt, wo es um die Aufnahme der Neuen geht: »Wenn er in sich wohnt und es sich reiflich überlegt hat, und wenn er verspricht, alles zu beachten und sich an alles zu halten, was ihm aufgetragen wird, dann soll er in die Gemeinschaft aufgenommen werden« (RB 58,14). Wenn der Mensch also nach reiflicher Überlegung sich selbst so kennengelernt hat, dass er in sich zu wohnen bereit ist (und nicht in Ablenkungen jeder Art fliehen muss), dann kann er im Kloster das gemeinsame Leben beginnen. »Bleib doch erst mal bei dir!« – so sagen wir manchmal, wenn jemand im Gespräch immer auf rein theoretischen Argumenten herumreitet, statt sich darauf einzulassen, was jetzt gerade für ihn wichtig ist. »Bleib in deiner Zelle und die Zelle wird dich alles lehren.« Dieses vielzitierte Wort der monastischen Tradition meint: Wenn du dich freimachst von allem Überflüssigen und wenn du alle Möglichkeiten auszuweichen weglässt, dann wirst du dich so kennenlernen, wie du wirklich bist. Das *Wohnen in sich selbst* kann man als eine Ermutigung verstehen, sich selbst anzunehmen. Wir wissen allerdings nicht, was sich daraus entwickeln kann. Wir geben damit die Planung unseres Lebens zumindest teilweise aus der Hand.

Es gibt Extremerfahrungen, die auch für die nahe Vergangenheit bezeugen, wie weit die spirituelle Entwicklung gehen kann, wenn buchstäblich alles Äußere wegfällt. Eine Ahnung vom *In-sich-Wohnen* lesen wir bei Etty Hillesum, die im holländischen Lager Westerbork, kurz vor ihrer Deportation nach Auschwitz, folgendes in ihr Tagebuch schreibt: »Wenn ich nachts auf meiner Pritsche lag, mitten zwischen leise schnarchenden, laut träumenden, still vor sich hin weinenden und sich wälzenden Frauen und Mädchen [...], dann war ich oft unendlich bewegt, ich lag wach und ließ die Ereignisse, die viel zu vielen Eindrücke eines viel zu langen Tages im Geist an mir vorbeiziehen und dachte: Lass mich dann das denkende Herz dieser Baracke sein ... Ich liege jetzt hier geduldig und bin zur Ruhe gekommen, ich fühle mich auch besser, nicht weil ich es erzwingen will, sondern wirklich besser ... Ich habe jetzt auch wieder die Kraft zum Gehen; ich denke nicht mehr nach über Pläne und Risiken, komme was kommen mag, wie es kommt, wird es gut sein!« (3.10.1943).[3]

Den Gegenpol zu dem in sich wohnenden Menschen beschreibt Benedikt in der Figur der »Gyrovagen«, wie er sie nennt: Ihr Leben lang ziehen diese Mönche landauf und landab und lassen sich für drei oder vier Tage in verschiedenen Klöstern beherbergen. Immer unterwegs, nie beständig, sind sie Sklaven der Launen ihres Eigenwillens und der Gelüste ihres Gaumens (RB 1,10f). Gianna Nannini sang 1982 das Lied über den »Ragazzo dell'Europa«, der modernen Form des Gyrovagen: unstet, immer im Aufbruch, das Herz auf der Straße: »Tu non pianti mai bandiera« – nie wirst du sesshaft (wörtlich übersetzt: »nie steckst du die Fahne in den Boden«). Nicht wenige Menschen leben heute so, teilweise berufsbedingt, oft aus innerer Unruhe heraus, viele immer auf der Suche nach dem wahren, dem richtigen Leben. Gerade dann, wenn wir im Äußeren gezwungen sind, häufig den Ort zu wechseln, ist es umso wichtiger, in sich selbst den Ruhepol zu finden. Sowohl Benedikt wie andere Heilige und Ordensgründer waren große Teile ihres Lebens unterwegs und mussten immer wieder lernen, in all dem doch bei sich selbst und auf Gott hin ausgerichtet zu bleiben.

Ein erstes Fazit: Wenn Gewohntes wegfällt, wird es erst einmal kompliziert. Wir müssen uns neu verorten. So können wir einen nächsten Schritt gehen, um immer besser zu verstehen, wer wir sind. Wir stehen nicht mehr in der Beziehungsdynamik mit einer Person, mit der wir bisher gelebt haben, und können uns neu und unverstellt fragen: Wer bin ich heute? Wer bin ich im Angesicht Gottes? Unser Leben ist voll von Erinnerungen an gute wie schwere Ereignisse. In der neuen Lebensphase sollen sie in einem veränderten Kontext eine neue Bewertung bekommen. Eine Auseinandersetzung, die einen viel Kraft gekostet hat, hat einen auch reifen lassen. Das kann jetzt in den Vordergrund der Erinnerung rücken. Jeder kennt solche Beispiele. Sorgsam soll das, was vergangen ist, sortiert werden, um das, was wesentlich bleibt, fruchtbar werden zu lassen für das Weitergehen.

IM RAUM GOTTES WOHNEN

Mich selbst zu finden im Sinn von Selbstverwirklichung und Selbstoptimierung – das ist nicht das, was auf einer geistlichen Spur das letzte Ziel sein kann. Wenn wir uns als Menschen in Beziehung mit Gott erfahren, dann geht die Sehnsucht dorthin, wo wir hoffen können, diese Beziehung umfassend zu erleben und darin Erfüllung zu finden. Auch dann, wenn Gott für jemanden nicht als personales Gegenüber, sondern als Energie oder innere Lichtquelle existent ist, so ist es doch ein Mehr, das über das eigene Ich hinausweist. Für die Menschen, die Benedikt anspricht, ist es klar. Sie wollen den Weg der Suche nach Gott als Person gehen: »Christus sollen sie überhaupt nichts vorziehen. Er führe uns gemeinsam zum Ewigen Leben«, heißt es im vorletzten Kapitel der Regel (RB 72,11f).

Doch bereits in diesem Leben können wir erfahren, dass unser Leib und unsere Seele der Ort sind, an dem Gottes Gegenwart lebendig ist. Mystiker und Mystikerinnen sprechen in unendlichen Variationen davon, wie Gott in der Seele des Menschen Wohnung nimmt und sie zugleich einlädt, in ihm zu wohnen. Es lohnt sich, hier auf Entdeckungsreise zu gehen, etwa bei Teresa von Ávila, einer großen Mystikerin, die zugleich mitten in der Welt ihrer Zeit handelte.

ZUM NACH-DENKEN

- Bin ich da, wo ich wohne, zu Hause? Innerlich und äußerlich?
- Oder was möchte ich als Erstes ändern, loslassen, hinzufügen?
- Womit will ich lernen, in Frieden zu leben, auch wenn ich es nicht ändern kann?
- Wie kann ich der göttlichen Energie in meinem Innersten mehr Raum geben?

ZUM WEITERLESEN

- Ein Klassiker: Teresa von Ávila: Die innere Burg, Zürich 1979.
- Johannes Eckert: Wohne bei dir selbst. Der Klosterplan als Lebensmodell, München 2009.

TUN, WAS ZU TUN IST

Drei grundlegende Aktivitäten, auf die in der benediktinischen Spiritualität immer wieder verwiesen wird, sind beten, arbeiten und lesen. Was unser aller Leben, wenn auch in unterschiedlicher Weise, bestimmt, ist die Arbeit. Diese ist, sowohl im Beruf wie im Privaten, meist über Jahrzehnte grundlegend für unsere inhaltliche Ausrichtung, unsere Zeitstruktur und unsere Beziehungen. Wenn sich nun hier durch den Eintritt in eine neue Lebensphase, durch die Verrentung, eine berufliche Neuorientierung oder einen Umzug etwas ändert, sollten wir dies sehr bewusst in den Blick nehmen. Es gilt, von manchen liebgewordenen Routinen Abschied zu nehmen und sich von Kollegen zu verabschieden, mit denen man viele Jahre oder gar Jahrzehnte den Arbeitstag geteilt hat. Und gleichzeitig können neue Freiheiten wahrgenommen werden.

Was können wir aus der benediktinischen Spiritualität über den Umgang mit Arbeit lernen? »Damit in allem Gott verherrlicht werde« – mit dieser überraschenden Zeile beendet Benedikt das Kapitel über Brüder, die Handwerker sind (RB 57,9, in Anlehnung an 1 Petr 4,11). Dadurch ist unser Tun in einen bestimmten Rahmen gestellt: Alles, auch die banalste Tätigkeit soll dazu dienen, dass Gott verherrlicht wird. Die Anfangsbuchstaben dieses Satzes in lateinischer Sprache stehen oft über Klostertüren oder beenden wichtige Manuskripte: *ut in omnia glorificetur Deus – u. i. o. g. D.* Dass es diese Buchstabenfolge inzwischen auch auf Merchandise-Artikeln wie Bechern oder Zahnbürsten gibt, sei nur am Rande erwähnt.

Der größere Teil unseres Erwachsenenlebens wird durch Arbeit bestimmt, egal, ob wir mitten im Beruf stehen oder diesen Teil unseres Lebens abgeschlossen haben und vorrangig zu Hause arbeiten. Wir stellen Dinge her, lehren, betreuen oder beraten andere Menschen, wir bewegen uns im digitalen Raum oder auf den Straßen zwischen verschiedenen Orten hin und her und entwickeln im Lauf des Lebens eine primär von unserer (Berufs-)Arbeit geprägte Identität. Die Frage, die wir einem unbekannten Gegenüber zu Anfang meist stellen, lautet: »Und was machst du?« Sie wird klassischerweise beantwortet mit: »Ich bin Krankenschwester, gründe gerade ein Startup, bin in Elternzeit« oder Ähnlichem. Kaum jemand wird antworten: »Ich fahre gerne zu Stillen Tagen in ein Meditationshaus« oder »Ich backe gerne Brownies«. Unsere berufliche Arbeit wird entlohnt, einen Großteil unserer übrigen Zeit verbringen wir zusätzlich mit unbezahlten Tätigkeiten. Dass unbezahlte, ehrenamtliche Arbeit ebenso wie Hausarbeit Arbeit ist und es wert ist, wissenschaftlich erforscht zu werden, ist Ergebnis der Bemühungen von Soziologinnen in den 70er-Jahren des vergangenen Jahrhunderts. Wissenschaftliche Analysen zum Thema Arbeit beleuchten die Spannung zwischen Tätigkeiten, die Freude machen und zur Selbstverwirklichung beitragen auf der einen und entfremdeter Arbeit, die einzig zum Sichern der Existenz ausgeübt werden muss, auf der anderen Seite. Dazwischen liegt eine große Spannbreite von Mischformen. Idealerweise sollte beides zusammenfallen. Meist ist dies jedoch allenfalls teilweise der Fall.

KLOSTERARBEITEN

Die vielfältigen Ausdifferenzierungen dessen, was wir heute unter Arbeit verstehen, waren den Mönchen um das Jahr 500, als die Benediktsregel entstand und erste Klöster gegründet wurden, fremd. Hier war es von Anfang an selbstverständlich, dass alle Brüder, unabhängig von ihrer Herkunft, verschiedenste Dienste übernahmen. Geregelt werden in den Ordnungen der Klöster unter anderem die Arbeiten in der Küche, beim Bedienen im Refektorium (Speisesaal), bei den Kranken, den Gästen und so weiter. Neben den handarbeitsorientierten Arbeiten im Haus und auf dem Feld werden Tätigkeiten erwähnt, bei denen es um Verwaltung der Klostergüter, Empfang der Gäste, um Aufgaben beim Vortrag der Psalmen, um Zuspruch, Vermittlung zwischen Streitenden, um Ermahnung oder Tröstung geht. Mit Ausnahme des Abtes, der immer die letzte Entscheidung verantwortet, gibt es keine hierarchischen Unterschiede, auch Priester genießen in keiner Weise Privilegien. Den Dienst in der Küche und bei Tisch sollen nach Möglichkeit alle ausüben. Bei anderen Tätigkeiten kommt es natürlich auf die Begabung an, denn nicht jede kann etwa Vorsängerin sein. Den Handwerkern unter den Mönchen wird besonders eingeschärft, dass ihre Fähigkeiten sie nicht überheblich machen dürfen. Es geht um die Güte des Produkts, nicht um den Ruhm des Arbeiters.

In der Kurzformel *ora et labora* (bete und arbeite) ist auf den Punkt gebracht, wie der Zusammenhang zu denken ist: Beides, Gebet und Arbeit, steht in einer spannungsgeladenen Beziehung. Wenn man die Vorgaben Benedikts ernst nimmt, ist das Gebet das Erste im existenziellen Sinn. Ob wir im sozialen, im wirtschaftlichen, im politischen, im kulturellen Bereich tätig sind oder primär den Haushalt und die Menschen unseres engeren Lebensumfeldes betreuen: Jede Tätigkeit muss sich aus der lebendigen Quelle des geistlichen Lebens, dem Gebet, speisen. »Dem Gottesdienst soll nichts vorgezogen werden« (RB 43,3). Gottesdienst wird sehr weit interpretiert: Alles kann in rechter Gesinnung zum Gottesdienst, zum Dienst für Gott werden. Nach der lateinischen Formulierung ist auch die Übersetzung »des Dienstes Gottes an uns« möglich: *nihil operi Dei preponatur.* Damit klingt an, dass wir in einer Beziehung leben, die vom gegenseitigen Aufeinander-Schauen und -Hören bestimmt ist. Und zwar auch beim Staubsaugen, der Arbeit im Weinberg oder am Computer.

TUN, WAS PASST – TUN, WAS NOTWENDIG IST

Es gibt Arbeiten, die uns leichter von der Hand gehen und mehr Freude machen als andere. Das wahrzunehmen ist gut, und was wir von den anderen Dingen, die uns eher beschweren, lassen können, sollten wir lassen. Auf der anderen Seite gibt es die Tätigkeiten, die zwar genauso Mühe kosten, uns aber leicht und fröhlich machen. Meistens sind das die Dinge, die in irgendeiner Weise nicht nur für uns selbst, sondern für unsere Umgebung etwas verändern. Es können Gespräche mit Menschen sein, die uns guttun, oder kreative Hobbys. Fragen wir uns also, welche Tätigkeiten das sind – und tun wir mehr davon! Auch Benedikt empfiehlt, dass für alle eine »passende Beschäftigung oder ein geeignetes Handwerk« ausgewählt werden soll. Die Brüder »sollen nicht müßig sein, aber auch nicht durch allzu große Last der Arbeit erdrückt oder sogar fortgetrieben werden« (RB 48,24). Das können wir uns auch selbst vornehmen: Überfordern wir uns nicht, aber muten wir uns auch nicht zu wenig zu.

Dann gibt es Arbeiten, die einfach getan werden müssen, es lohnt sich nicht, lange darüber nachzudenken, ob man sie gerne tut. Auch bei der Fahrt zum Wertstoffhof oder beim Fensterputzen können wir trotzdem erahnen, dass »etwas« mitschwingt, was über die konkrete Situation hinausweist und wo ein Schimmer einer anderen Wirklichkeit zu uns durchdringen will.

Gerade zu Beginn einer neuen Lebensphase lohnt es sich, eine Zwischenbilanz zu ziehen und zu entscheiden: In welche

Arbeitsbereiche will ich meine Energie hineinfließen lassen? Dabei kann die Frage helfen: Wofür bin ich verantwortlich? Soll ich gelegentlich einkaufen für die Freundin, die zunehmend unter Parkinson-Beschwerden leidet? Regelmäßig mit jemandem telefonieren, der seine Wohnung kaum noch verlassen kann? Helfen, Papiere zu ordnen und Behördengänge zu erledigen? Wenn ich Verantwortung übernehme, dann sollte ich das bewusst entscheiden und es nicht nur tun, weil ich mich in etwas habe hineinziehen lassen. Denn jetzt können die Weichen neu gestellt werden und ich kann Aufgaben übernehmen, für die bisher nie Zeit war. Ich kann zum Beispiel in einer ehrenamtlichen Initiative mitarbeiten. Oder beginnen, etwas Neues zu lernen: eine Sprache, ein Handwerk, ein Musikinstrument. Bei alldem muss ich wissen: Es wird sicher streckenweise mühsam sein. Vokabeln lernen sich nicht von selbst. Ob man dranbleibt, hängt auch damit zusammen, ob man trotz Anstrengungen die Freude und das Gefühl, dass dies jetzt richtig ist, durchgängig wahrnehmen kann.

DAMIT ES GELINGT

Bereits im vierten Satz seines Prologs legt Benedikt den Brüdern ans Herz: »Wenn du etwas Gutes beginnst, bestürme ihn (Gott) beharrlich im Gebet, er möge es vollenden« (Prolog 4). Wir sollen uns daher immer bewusst sein, dass das Gelingen unserer Unternehmen nicht in unserer Hand liegt – und wir dennoch von uns aus alles daransetzen müssen, dass es gelingt.

Ein Kriterium aus geistlicher Perspektive ist vor allem, ob das, was ich tue, »Frucht bringt«, wie die Bibel es formuliert. Kann ich oder jemand anderes in meinem Umfeld etwas damit anfangen – im wörtlichen Sinn? Wo kann es hilfreich sein, dass ich ein bisschen besser Spanisch spreche als zuvor? Wer ist dankbar dafür, dass ich diese komplizierten Zusammenhänge, die unseren ökologischen Fußabdruck ausmachen, nun gut erklären kann? Wer freut sich über meine selbst geernteten Tomaten? Wer wird über mein differenziertes Feedback nachdenklich und frei für einen neuen Schritt?

Vergessen wir über all den vernünftigen Tätigkeiten jedoch nicht: Es gibt nicht nur das verantwortliche, ergebnisorientierte Handeln. Wir brauchen auch freie Zeiten, in denen wir absichtslos flanieren, spielen, Blumen arrangieren, Musik hören, die Gedanken frei schweifen lassen und vieles mehr. Gerade dann, wenn ich mich ausgelassen erlebe und etwas tue, das mir »einfach so« Freude macht, komme ich ohne große Anstrengung wieder an meine Quellen. Ich atme auf und werde gelassener.

ZUM NACH-DENKEN

› Sage ich häufig Ja zu Aufgaben, die ich eigentlich nicht übernehmen will? Wie kann ich mir das abgewöhnen?

› Wann habe ich bei meiner Arbeit und in meinen Beziehungen Freude erlebt? Wie kann ich davon mehr erleben?

› Wo erlebe ich, dass mein Tun fruchtbar wird – für mich und für andere?

› Habe ich im Blick, dass es auch Freiräume jenseits von Arbeit geben darf?

ZUM WEITERLESEN

- Anselm Grün: Leben – nicht nur am Wochenende. Wie Arbeit lebendig macht, Münsterschwarzach 2018.
- Marie Kondo/Scott Sonenshein: Joy at work. Aufgeräumt und erfolgreich im Arbeitsleben, Hamburg 2020.

DER GEIST BETET IN UNS

Wenn das Leben eine neue Ausrichtung bekommt, ist es vielleicht auch an der Zeit, sich das eigene Gebetsleben anzuschauen und Bilanz zu ziehen. Was ist für mich heute tragend? Gott – Gebet – Religion(en): Bin ich bei all diesen großen Themen auf einem Stand, der zu mir, meinem Alter und meiner Situation passt? Ich habe mich schließlich auch bei ökologischen und sozialen Fragen kontinuierlich weitergebildet, so könnte ich nun auch hier ganz neu ansetzen. Wie kann das gehen? Es ist klar, dass es einen großen Unterschied macht, ob ich eine neu gewonnene Freiheit genieße oder ob ich durch den Verlust eines geliebten Menschen oder das Ende einer erfüllten Berufstätigkeit erst einmal eine große Leere empfinde. So ist es auch hier als Erstes wichtig, die eigene Situation wahrzunehmen. Ist mein vordringliches Empfinden Traurigkeit, Zorn, Ratlosigkeit? Macht es mir eher Angst, mich der Stille und dem Gebet auszusetzen? Oder bin ich voller Energie und Vorfreude und möchte möglichst viel Neues ausprobieren? Oder eine Mischung aus all dem?

WAS IST DAS EIGENTLICH – GEBET?

Ich beginne mit einer Erfahrung: Frühmorgens im See. Die Luft ist frisch und es lässt sich ahnen, dass der Tag bald vor Hitze flirren wird. Am Ufer vereinzelte Jogger, der See dagegen gehört mir allein. Ich tauche in die angenehme Kühle des Wassers und schwimme auf dem Rücken, lasse mich treiben, schaue in den Himmel. Ich spüre mich ganz. Was zählt, ist nur das Hier und Jetzt. Irgendwann schwimme ich zum Ufer, betrete festen Boden und bin wieder in der äußeren Welt angekommen. Die Morgenstimmung schwingt noch einige Stunden in mir leise nach, ebenso wie die angenehme Frische des klaren Wassers auf der Haut.

Dies ist ein anderer Beginn, als wenn der Tag mit dem Klingeln des Weckers und mit Hektik startet. Ist das Gebet? Ja, insofern ich es als eine Zeit empfinde, in der ich mich ganz ohne mein Zutun und auch ohne große Gedanken mit der Schöpfung verbunden weiß. Bei mir lässt eine solche Situation Lob und Dank aufsteigen, einen Psalmentext oder ein Lied, das ich sozusagen als Vorrat auswendig in mir habe.

Ein ganz anderes Beispiel: Nachtdienst auf der Intensivstation. Schwerstkranke Menschen, mit denen man nicht mehr verbal kommunizieren kann. Eine Krankenschwester erlebt dies immer wieder als sehr dichte Zeit, in der sie mit der Kranken oder dem Sterbenden und zugleich mit Gott zusammen ist, ohne Worte. Ein Hauch von Ewigkeit ist im Raum spürbar. Auch hier wird die Zeit ausgeblendet und man ist nur noch im Hier und Jetzt.

In solchen Situationen müssen wir nichts tun, um in die Gegenwart zu kommen, dieser Zustand stellt sich von selbst ein. Erfahrungen, in denen sie sich als ganz gegenwärtig erleben, machen sicher alle Menschen immer wieder einmal, ohne dies gleich als Gebet zu verstehen. Andererseits braucht die Gnade dieser Stunden eine Seele, die offen ist für solche Geschenke, für solche Begegnungen. Um diese Offenheit und Durchlässigkeit zu erreichen, dazu dient das regelmäßige Gebet. Es ist ein bisschen wie mit einer Fremdsprache, die ich mühsam erlerne, indem ich Vokabeln und Grammatik trainiere. Und plötzlich ertappe ich mich dabei, dass ich Sätze spreche, bei denen ich mich nicht erinnere, dass ich sie je so gelernt hätte. Es kommt etwas zusammen, das mehr ist als die Summe des Geübten.

Bis heute werden spirituelle Lehrerinnen und Lehrer nicht müde uns daran zu erinnern, dass Gott überall gesucht und gefunden werden kann, in der Küche wie in der Kirche. Von der großen Mystikerin Teresa von Ávila wird der Satz überliefert: »Gott ist auch mitten unter den Kochtöpfen.« Die Frage, ob Gott außerhalb oder innerhalb der Welt (transzendent oder immanent) zu finden ist, muss uns nicht allzu sehr beschäftigen, sie ist mit »und« zu beantworten.

Wie können wir eine der Situation und dem Lebensalter gemäße Balance zwischen Gebet und unseren Aktivitäten gestalten? Bei manchen Menschen mag es das erste Mal sein, dass sie eine regelmäßige Zeit für das Gebet in jeden Tag einbauen möchten. Madeleine Delbrêl, eine französische Mystikerin des 20. Jahrhunderts, erzählt, dass sie sich eines Tages einfach entschlossen habe, mit dem Beten anzufangen, sozusagen auf Verdacht. Als Folge dieser Entscheidung hat sie erfahren, dass da jemand ist, der auf sie zukommt, der sie liebt. Sie verstand zugleich, dass sie zu ihrer ganz eigenen zeitgemäßen Art des Gebets finden musste. Dies hat sie gemeinsam mit einer Gruppe von Frauen in der französischen Stadt Ivry, die stark kommunistisch geprägt war, praktiziert. Zahlreiche Bücher erzählen von ihren mystischen Erfahrungen und zugleich von ihren politischen und sozialen Aktivitäten in den Dreißigerjahren des letzten Jahrhunderts an den Brennpunkten der Stadt.

Noch einmal: Was ist eigentlich Gebet? Gebet hat damit zu tun, dass wir glauben, dass die sichtbare Welt eine andere Seite hat, dass jenseits der unmittelbar wahrnehmbaren Wirklichkeit eine andere Realität ist. Und dass man dies immer wieder einmal erahnen kann – in der Küche, an der Bushaltestelle, überall. Wenn Leonard Cohen in seinem Lied »Anthem« singt: »There is a crack in everything, that's how the light gets in«, dann ist damit genau diese Erfahrung angesprochen. Das Gleiche gilt, wenn es in einem Psalm sinngemäß heißt: »Wie Weihrauch steige mein Gebet zu dir auf« (vgl. Ps 141,2). Der

Weihrauch als Symbol dafür, wie das Gebet die Grenzen überwinden kann. Wenn wir beten, dann deshalb, weil wir uns mit dieser Wirklichkeit, die wir Gottes Gegenwart nennen, verbinden wollen. Wir beten also, weil es Gott gibt. Weil er Gott ist. Weil er da ist und wir in seiner Gegenwart stehen. Und wir beten, weil wir von ihm angesprochen worden sind. Weil er auf uns wartet. So heißt es in der Offenbarung des Johannes: »Siehe, ich stehe vor der Tür und klopfe an. Wenn einer meine Stimme hört und die Tür öffnet, bei dem werde ich eintreten und Mahl mit ihm halten und er mit mir« (Offb 3,20).

Wer sich dieser Gegenwart fragend nähert, wird es mit dem Gebet versuchen. Wie man das Gespräch eröffnet, ist nicht wichtig, denn von wo aus auch immer wir beginnen, mit vorformulierten oder freien Worten, oder auch im Nachdenken über etwas, das uns gerade beschäftigt: Sobald wir dies bewusst in die Gegenwart Gottes bringen, ist das genug. Wer möchte, kann sich dazu kleine Alltagsrituale überlegen. Der Weihrauch, der bei uns im Kloster jeden Samstag und Sonntagabend in der Vesper entzündet wird, verflüchtigt sich langsam wieder, der Duft wird immer zarter und ist am nächsten Tag kaum noch im Raum zu erahnen. Aber er ist da, in homöopathischer Verdünnung sicher noch lange Zeit. Wir praktizieren dies regelmäßig als eines der Rituale, die uns daran erinnern sollen, dass wir uns immer wieder aus dem kleinlichen täglichen Durcheinander herausnehmen und neu ausrichten können.

Es ist nicht wichtig, was genau wir beten; wir können darauf vertrauen, dass der Geist in uns betet, wenn wir uns darauf einlassen. Dies ist die Zusage, die uns der Apostel Paulus im Römerbrief gibt: »So nimmt sich auch der Geist unserer Schwachheit an. Denn wir wissen nicht, was wir in rechter Weise beten sollen; der Geist selbst tritt jedoch für uns ein mit unaussprechlichen Seufzern« (Röm 8,26). Wir sollten nicht mit Gebetspuzzlesteinchen unseren Zeitplaner füllen.

Vielmehr soll das Gebet als lebendiger Strom das ganze Leben durchdringen.

Wenn wir uns dazu entschließen, dass wir eine lebendige Beziehung zu Gott finden wollen und mit einer Gebetspraxis beginnen oder bereits Erfahrungen gemacht haben, dann sollten wir daran denken, dass Beziehungen gepflegt werden müssen. Wir kochen für eine Freundin, wir tauschen Informationen aus, die nützlich sein können im Vielerlei des Alltags, wir hören zu, wenn es der anderen gerade nicht so gut geht, wir lachen und weinen miteinander. So können wir uns weiterentwickeln, jede für sich und wir gemeinsam. Dieses Aufeinander-Eingehen gilt übertragen ebenso für die Beziehung zu Gott.

Wenn uns der Rückzug in die Stille und das individuelle Gebet eher unruhig machen und Ängste auftauchen, kann es gut sein, sich einer Gruppe anzuschließen, die sich zu einem Taizégebet oder zu einer abendlichen Vesper trifft.

Wenn wir nun größere Möglichkeiten als früher haben, Zeit selbst zu gestalten, können wir eine tägliche festgelegte Zeit im Gebet verbringen. Im Gebetsleben geht es aber nicht um Quantität, sondern um Qualität, Intensität, Fokussierung. Viele Stunden auf einem Meditationshocker sind nicht das Ziel. Das kleine, aber beständige Gebet, das überall seinen Platz findet, ist eine gute Übung. Und zugleich brauchen wir Rhythmen. Wenn wir ständig improvisieren, wirft uns das schnell aus der Bahn. Selbst kleinste Besinnungszeiten von nur wenigen Minuten sollten wir so in den Tag einbauen, dass sie einen festen Platz bekommen. In jüdischen Haushalten hängt an der Eingangstür die Mesusa, eine kleine Kapsel, die einen Schrifttext enthält, der den Ein- und Austretenden daran erinnern soll, dass er in Gottes Gegenwart lebt. Mein Großvater hatte an der Eingangstür ein kleines Weihwasserbecken, aus dem man beim Weggehen und Ankommen etwas Wasser nahm und sich bekreuzigte, als Bitte für den Weg und Dank für die gute Heimkehr. Zudem segnete er jeden Brotlaib, bevor er ihn anschnitt. Für die Menschen seiner Generation hatte auch das Läuten der Kirchenglocken noch eine Bedeutung. Heute wirkt es manchmal wie aus der Zeit gefallen. Wer verbindet damit noch etwas? Wer weiß noch, dass nicht nur zu den festen Stunden und als Einladung zur Messe die Glocken läuten, sondern auch während der Wandlung beziehungsweise in protestantischen Gottesdiensten zum Vaterunser? Wir können dies wiederentdecken als Anruf zu einer kurzen Besinnung am Mittag oder Abend. Allerdings gelingt es wohl eher selten, da der Glockenklang den Lärm der Großstadt oder die Mauern der Großraumbüros oder Shopping-Malls nicht mehr durchdringt.

Das kurze Gebet ist das eine, das regelmäßige konzentrierte Gebet das andere. In Zeiten des Übergangs und Neuanfangs ist es gut, sich zuzugestehen, dass man etwas ausprobieren kann, gerade in Bezug auf das Gebet. Das entlastet. Wenn ich neue Gebetsweisen einübe, vielleicht mit Unterstützung einer Gruppe oder einer erfahrenen Begleiterin, werde ich schnell wahrnehmen, ob das, was mir vorgeschlagen wird, zu meiner Biografie und zu meiner aktuellen Situation passt. Nicht für jeden und nicht für jede Lebensphase passen wortarme oder gar wortlose Gebetsformen. Stattdessen sind es vielleicht eher bekannte, vorgegebene Gebete oder frei formulierte Worte. Auch ein Bild, ein Lied, ein Tanz können zum Gebet werden. Komme ich damit in Resonanz? Habe ich die Sehnsucht oder eine leise Ahnung davon, dass ich in einer Gegenwart bin, die mein Begreifen übersteigt?

Es gibt sie, die Gipfelerlebnisse im spirituellen Leben, man kann jedoch nicht davon ausgehen, dass einem im Gebet eine »Gipfelerfahrung« zuteilwird, wie sie zum Beispiel die drei Jünger auf dem Berg der Verklärung (vgl. Mt 17) erlebt haben. Das sind Ausnahmezeiten. Ob und wann wir dorthin mitgenommen werden, ist reines Geschenk. Gott überrascht uns damit, wenn wir es nicht erwarten. Manchmal genügt eine einzige solche Erfahrung, um das ganze Leben umzustülpen. Der Alltag sieht jedoch anders aus, schlichter und viel weniger bunt. Gebet führt nicht einfach zu guten Gefühlen. So, wie Freundschaft und Liebe nicht einfach nur gute Gefühle vermitteln. Auch mit Freundinnen oder Partnerinnen, Kindern, ist es nicht immer nur »schön«. Es reicht, dass wir uns auf einer anderen Ebene miteinander verbunden wissen. Im Alltag tun wir dann das, was eben zu tun ist: Wir unterstützen die Nachbarin in ihrer zunehmenden Schwäche, wir kümmern uns darum, wenn die Tochter eine Zahnspange, der Sohn neue Turnschuhe braucht, wir halten die Basis des Lebens unserer Gemeinschaft miteinander aufrecht durch viele kleine Taten. Und wir halten Zeiten der Distanz und des Schweigens miteinander aus. Wichtig ist es, anzufangen und etwas zu wagen.

DEN EIGENEN RHYTHMUS FINDEN

Regelmäßiges Gebet ohne Gemeinschaft: Diese Situation teile ich nun mit vielen anderen Menschen, die das tägliche Gebet praktizieren möchten und nach einer adäquaten Form suchen. Ich will weiterhin im Strom des Gebetes bleiben. Und ich habe mehr Zeit als früher. Sehr schnell merke ich, dass hier die erste Entscheidung ansteht, die ich ebenfalls mit Menschen teile, die ihren Alltag (neu) organisieren müssen: Zu welchen Tageszeiten, an welchem Ort will ich mich bewusst vor Gott begeben? Mehrmals täglich das Stundengebet zu beten, ist eine Verpflichtung, die Ordensleute ebenso wie Priester und Oblaten übernommen haben. Die Form ist veränderbar. So, wie es etwa im Kapitel über »Gebetszeiten außerhalb des Klosters« heißt: Die Brüder halten die festgesetzten Gebetszeiten »so gut sie können« (RB 50,4). Das gilt für jeden Menschen. Es zeigt, dass Gebete nicht einengen, sondern in Freiheit entstehen sollen. Bei aller Offenheit ist es jedoch hilfreich, hier wie in allen anderen Bereichen des alltäglichen Lebens schrittweise gute Routinen zu entwickeln, die uns davon befreien, dass wir täglich neu entscheiden müssen.

Ein kleiner Einblick in die Form, die ich für mich gefunden habe: Ich beginne den Tag mit einigen wenigen Psalmen. Mehrmals die Woche laufe ich oder mache wenigstens einen längeren Spaziergang draußen. So bin ich morgens in der Natur, im Wald oder im Park. Manchmal kommt mir beim Zurückgehen der »Lobpreis der Jünglinge im Feuerofen« aus dem Buch Daniel (Dan 3,57ff) in den Sinn:

»Preist den Herrn, all ihr Werke des Herrn;
lobt und rühmt ihn in Ewigkeit!
Preist den Herrn, ihr Himmel […]!
Preist den Herrn, ihr Engel des Herrn […]!
Preist den Herrn, all ihr Wasser über dem Himmel […]!
Preist den Herrn, all ihr Mächte des Herrn […]!
Preist den Herrn, Sonne und Mond […]!
Preist den Herrn, ihr Sterne am Himmel […]!
Preist den Herrn, aller Regen und Tau […]!
Preist den Herrn, all ihr Winde […]!
Preist den Herrn, Feuer und Glut […]!
Preist den Herrn, Frost und Hitze […]!
Preist den Herrn, Tau und Schnee […]!
Preist den Herrn, Eis und Kälte […]!
Preist den Herrn, Raureif und Schnee […]!
Preist den Herrn, ihr Nächte und Tage […]!
Preist den Herrn, Licht und Dunkel […]!
Preist den Herrn, ihr Blitze und Wolken […]!
Die Erde preise den Herrn; sie lobe und rühme ihn in Ewigkeit.
Preist den Herrn, ihr Berge und Hügel […]!
Preist den Herrn, all ihr Gewächse auf Erden […]!
Preist den Herrn, ihr Quellen […]!

Preist den Herrn, ihr Meere und Flüsse [...]!
Preist den Herrn, ihr Tiere des Meeres
und alles, was sich regt im Wasser [...]!
Preist den Herrn, all ihr Vögel am Himmel [...]!
Preist den Herrn, all ihr Tiere, wilde und zahme [...]!
Preist den Herrn, ihr Menschen [...]!«

Später halte ich eine halbstündige Kontemplation, ohne Text. Das habe ich immer wieder auf meinem geistlichen Weg getan und ich bin immer noch dabei zu üben. Aus dieser Erfahrung heraus weiß ich: Es geht nicht darum, etwas zu wollen oder zu bekommen. Es geht um das schlichte Dasein. Stehen. Sitzen. Hören. Wissen, dass ich hier und jetzt in Beziehung bin. Ob ich dabei etwas »spüre« oder nicht, ist nicht das Thema.

Am späten Nachmittag oder Abend nehme ich mir nochmals eine kürzere Zeit für eine innere Sammlung. Das kann das Vespergebet sein oder eine weitere Zeit der stillen Kontemplation oder eine Kombination aus beidem. Zwei Einheiten pro Tag, am besten am Morgen und am Abend, sind deshalb wichtig, weil man durch alles, was der Tag mit sich bringt, schnell in die gewohnten Muster fällt und sich die kleinen Fenster wieder schließen, die sich geöffnet hatten. Das innere Gerede wird lauter und die Zerstreuung nimmt zu. Es ist eine gute Übung, hier einen Bogen zu schlagen, der an das anknüpft, was morgens begann. So kann der Tag mit einem kleinen Tagesrückblick oder dem Abendgebet der Komplet abgeschlossen werden.

Es ist mir bewusst, dass dies nicht in den Alltag jedes Menschen zu integrieren ist. Dennoch möchte ich dazu ermutigen, sich nicht nur einmal täglich zu sammeln, sondern eine zweite Einheit einzubauen, sei sie noch so kurz. So entsteht eine lebendige Spannung wie zwischen zwei Polen, und das, was morgens begann, kann nicht so leicht wieder »verdunsten«. Wir putzen uns mindestens zweimal täglich die

Zähne und checken mindestens zweimal täglich die Nachrichten – warum nicht zweimal täglich mit Gott auf Sendung gehen? Wir brauchen den Spannungsbogen, den wir nur halten können, wenn wir uns immer wieder zurückholen lassen und uns dafür eine Struktur geben. Nicht umsonst sind in der Mönchstradition bis zu sieben Gebetszeiten innerhalb von vierundzwanzig Stunden vorgesehen. In der Regel Benedikts, der sich in zehn Kapiteln ausführlich zum täglichen Gebet von Psalmen, Hymnen, Vaterunser und Lesungen äußert, findet man zum persönlichen Gebet den überraschenden Satz: »Das Gebet (sei) kurz und lauter; nur wenn die göttliche Gnade uns erfasst und bewegt, soll es länger dauern« (RB 20,4). Vergessen wir also nicht: Es geht um den lebendigen Gott und nicht um die Einhaltung von Vorschriften. Alles, was wir uns vornehmen, ist *für uns* wichtig, nicht für Gott! Wenn wir fantasievoll bleiben, werden sich uns immer wieder neue Fragen stellen und wir werden überraschende Antworten erhalten.

SPRECHEN, HÖREN, SCHWEIGEN

Grundlage allen Betens ist, dass wir zunächst einmal damit beginnen, weil wir eine Sehnsucht in uns spüren. Dabei geht es nicht primär um die Formulierung von Worten, sondern einzig um die Orientierung zur Quelle hin. Aber was ist dann hilfreicher: bekannte und bewährte Gebete zu sprechen oder die Psalmen oder die reine Kontemplation zu üben? Darauf gibt es keine allgemeingültige Antwort. Wenn bekannte oder eigene Worte den Pfad dazu bahnen, dann ist das richtig. Wenn es das Schweigen und das reine Dasein tun, dann ist das der richtige Weg.

Das regelmäßige Psalmengebet ist vor allem das Gebet der Klöster. In der Regel Benedikts heißt es, im Psalmensingen sollen wir so stehen, »dass Herz und Stimme in Einklang sind« (RB 19,7). Indem wir die uralten Worte der Psalmen sprechen, werden sie durch uns wieder neu in der Welt lebendig, und wir werden eins mit ihnen. Wir füllen die alten Bilder mit unseren eigenen Sorgen und Fragen, mit unserem Zorn, unserer Ratlosigkeit und mit unserer Hoffnung. Tagtäglich werden die Worte so zu einer Brücke zwischen uns und Gott.

Wer sich mit den Psalmen nicht anfreunden kann, weil einem zu viel Gewalt entgegenspringt, dem liegt vielleicht eher die Meditation über einen Abschnitt der Evangelien oder über eine aktuelle Erfahrung aus dem eigenen Leben, die er fragend und bittend anschauen kann: Was will mir das heute sagen? Wohin zeigt mein Kompass durch diese Begegnung? Zudem gibt es verschiedene Jahresbegleiter in Buch oder Heftform, die tägliche Anregungen zum Beten und Meditieren bieten.

Auf dem kontemplativen Weg streben wir danach, leer von Bildern und Gedanken zu werden, um Gott Raum zu geben. Dies lernt man am besten durch Einführungskurse bei erfahrenen Lehrern oder Lehrerinnen. In Kontemplationsübungen gilt das, was der große Kontemplationslehrer Franz Jalics sagt: Wenn die Gegenwart Gottes mich ergreift, kann ich getrost ein Buch über ihn aus der Hand legen.

Es gibt keine Hierarchie von Gebetsformen, in der die eine Weise eher Anfänger, die andere eher fortgeschrittene Menschen im Glauben kennzeichnet. Zu verschiedenen Zeiten braucht es mal die Stille, mal Worte oder Bilder. Wenn ab und zu etwas vom kontemplativen Geist in unsere unübersichtliche und dichte Zeit hineinstrahlt, kann das genauso heilsam sein wie das täglich weltweit praktizierte Rosenkranzgebet. Eine kluge Schwester meinte einmal, mit dem Gebet sei es wie mit Medizin bei Krankheit: Manchmal braucht man eine Wärmflasche und manchmal starke Tabletten, je nach Situation.

Und noch eine Anmerkung: Wir bezeichnen das Gebet als einen Dialog mit Gott, auch wenn wir unser Gegenüber nicht wahrnehmen und auch keine direkte Antwort erhalten. Ob wir gehört oder gar erhört werden, können wir nur selten feststellen und immer auch erst im Nachhinein. Was wir erleben, ist vor allem das Schweigen Gottes. Nur darin, im Schweigen, können wir ihn erahnen.

WENN DAS HERZ TRÄGE WIRD

Wenn man regelmäßig und über Jahre hinweg eine bestimmte Art des Gebets praktiziert, macht man die Erfahrung, dass einem manchmal alle Worte und Bilder zu viel werden. Der Strom fließt nicht mehr, der Kanal scheint verstopft, das Gebet wird mühsam und abgehackt. Auch im Kloster geschieht das. Das Stundenbuch mit den 150 Psalmen liegt schwer in der Hand, der Einklang von Herz und Stimme ist kaum noch spürbar. Die reine Quantität ist nicht das, was die Seele gerade aufbaut. Das Stundengebet der Kirche ist zwar kürzer, aber in solchen Situationen ist auch das keine Lösung. Dann kann es hilfreich sein, deutlich zu reduzieren: einen einzigen Psalm beten, an einem Satz hängen bleiben, ihn so lange zu wiederholen, bis wir – wie beim Kauen von Schwarzbrot – etwas vom Inhalt erspüren. Dazu die kleine Tageslesung, das Vaterunser und ein Schlussgebet. Um etwas Bewegung hineinzubringen, wechseln manche Menschen gelegentlich zwischen verschiedenen Übersetzungen des Originaltextes oder unterschiedlichen Sprachen hin und her. Oder sie binden sich an das Gebet von Klostergemeinschaften an, wie es im Internet täglich live zu finden ist.

Es gibt Tage, da geht auch das nicht. Dann kann der Rat helfen, der mir in Form einer kleinen Erfahrungsgeschichte von einem älteren Mönch erzählt wurde: Ein Mönch litt lange unter der *Akedia* (Überdruss, Trägheit) und hatte großen Widerwillen gegen das Gebet. Schließlich hielt er es nicht mehr aus und beschloss, davonzulaufen. In diesem Augenblick hörte er von innen eine Stimme, die sagte, er solle bei jeder Gebetszeit nur den Psalm 117 beten, also den kürzesten. Das tat er und er bekam allmählich so eine Freude daran, dass er ihn unablässig betete – bis der Psalm begann, in ihm zu beten. Er lautet: »Lobt den Herrn, alle Völker, rühmt ihn, alle Nationen! Denn mächtig waltet über uns seine Huld, die Treue des Herrn währt in Ewigkeit. Halleluja!«

Mit *Akedia* bezeichneten die Wüstenväter eine Trägheit des Herzens, die sich unweigerlich auf dem geistlichen Lebensweg einstellt. Sie wird auch »Mittagsdämon« genannt, weil sie im Tageslauf am ehesten nach dem Mittagsgebet und Mittagessen auftritt. Leib und Geist sind erschöpft. Bei den Wüstenvätern kam die nahezu unerträgliche Hitze der Wüste hinzu. All dies macht den Geist offen für vielseitige Versuchungen. Als Beispiel erzählt ein Wüstenvater, dass ein Mönch unentwegt zur Tür lief, um zu schauen, ob jemand zu Besuch käme. Wir können das für heute übersetzen: mal schnell googeln, in die Schlagzeilen, die Mails, die Sozialen Netzwerke schauen, ob nicht jemand etwas Interessantes oder gar Wichtiges gepostet hat. Wir suchen Zerstreuung. Hier ist, in der Sprache Benedikts, wieder der »Alte Feind« am Werk. Der »Alte Feind« – ein Bild für unsere Schattenseite, für die Versuchung, den guten Weg zu verlassen und innerlich stehen zu bleiben oder zurückzufallen.

Eine grundsätzliche Erschöpfung wird nicht nur in der Tages-, sondern auch in der Lebensmitte spürbar, am ehesten dann, wenn sich eine gute, produktive Zeit dem Ende zuneigt. Das Gewohnte ist schal geworden, nichts Neues am Horizont zu erkennen, alles scheint bekannt und schon einmal dagewesen zu sein. Man fragt sich: War das jetzt alles? Der Kick fehlt. Dann sind wir offen für die kleinen Fluchten und versinken auf der Couch. Wir streamen die halbe Nacht Serien, essen und trinken zu viel, wollen um die Welt reisen und uns mit Menschen treffen, die uns gar nicht besonders interessieren, nur damit kein Stillstand eintritt. Beide Phänomene, die Trägheit und die Ruhelosigkeit, werden in der Tradition als Symptome der inneren Leere, der *Akedia*, gewertet. So kann alles, was im rechten Maß der Heilung dient, zur Krankheit werden, wenn man es übertreibt und banalisiert. Ein Glas Wein und ein gutes Gespräch mit einer Freundin können eine lebensförderliche Wirkung haben. Das regelmäßige Trinken dagegen birgt die Gefahr, süchtig zu werden oder sich zu verlieren.

Der Philosoph Josef Pieper geht noch einen Schritt weiter und nennt die *Akedia* eine »Traurigkeit des Herzens«, in der der Mensch sich das Große nicht zumuten will, zu dem Gott ihn berufen hat. Er resigniert vor dem Anspruch, der ihm durch das Leben gestellt ist. Der hierin gefangene Mensch hat weder den Mut noch den Willen, so groß zu sein, wie er wirklich ist, und möchte sich den Verpflichtungen entziehen, die durch diese Größe an ihn gestellt werden. Das ist keine Demut, im Gegenteil: Die wahre Demut besteht darin, zu den eigenen Möglichkeiten und Aufgaben zu stehen, auch wenn sie einen zu überfordern scheinen.

Was kann man tun, wenn man die Trägheit und Fliehkraft als Gefährdung wahrnimmt? Dann gilt: Wenn nichts mehr geht, dann geh. Das ist auch buchstäblich gemeint: Mach dich auf den Weg, geh täglich eine Strecke oder unternimm eine größere Wanderung. Das wird den Kopf und die Seele wieder freimachen. Im übertragenen Sinn: Wenn du dich in deinem Berufs- oder Lebensumfeld festgefahren hast und wenn du es gründlich geprüft hast – dann geh! Bewege dich und es wird sich etwas bewegen. Beginne neu. Aber Vorsicht: Es geht nicht um eine Art Insel-Hopping, sondern es gehört ein überzeugter und kraftvoller erster Schritt dazu, wenn sich etwas verändern soll.

Wie kann man unterscheiden, ob das Gehen ein Flüchten ist oder ob Bleiben und Standhalten notwendig sind? Helfen kann das Hören auf das, was in der Stille in mir laut wird.

Oder das Gespräch mit einem Menschen, dem ich vertraue. Dazu die Bitte im Gebet, dass mir deutlich wird, welchen Pfad ich gehen soll. Denn eine immer wieder formulierte Bitte fokussiert mich im Alltag auf die Möglichkeiten, die sich zeigen. Manchmal dauert es Monate, sogar Jahre, bis ich sehe, was richtig ist – es kann aber auch sehr rasch gehen.

Wenn es gelingt, sich ganz dem Rhythmus des Lebens hinzugeben, kann das zu einem befreienden Tanz werden. In der Formulierung Madeleine Delbrêls, einem »Ball des Gehorsams«:

»... um gut tanzen zu können – mit dir oder auch sonst
Braucht man nicht zu wissen, wohin der Tanz führt.
Man muss ihm nur folgen,
Darauf gestimmt sein,
Schwerelos sein,
Und vor allem: man darf sich nicht versteifen.
Man soll dir keine Erklärungen abverlangen,
Über die Schritte, die du zu tun beliebst,
Sondern ganz mit dir eins sein – und lebendig pulsierend
Einschwingen in den Takt des Orchesters, den du auf uns überträgst.
Man darf nicht um jeden Preis vorwärtskommen wollen.
Manchmal muss man sich drehen oder seitwärts gehen.
Und man muss auch innehalten können
Oder gleiten, anstatt zu marschieren.
Und das alles wären ganz sinnlose Schritte,
Wenn die Musik nicht eine Harmonie daraus machte.
Wir aber, wir vergessen so oft die Musik deines Geistes.
Wir haben aus unserem Leben eine Turnübung gemacht.
Wir vergessen, dass es in deinen Armen getanzt sein will.
Dass dein heiliger Wille von unerschöpflicher
Phantasie ist. [...]

Herr, lehre uns den Platz,
Den in dem endlosen Roman,
Der zwischen dir und uns begonnen hat,
Der Tanz einnimmt, dieser seltsame Tanz unsres Gehorsams …

Gib, dass wir unser Dasein leben …
wie einen Ball,
Wie einen Tanz,
In den Armen deiner Gnade,
Zu der Musik allumfassender Liebe.
Herr, komm, und lade uns ein.«[4]

So zu leben, dass Leib und Seele, oder, wie Benedikt es formuliert, Herz und Stimme in Einklang sind, ist eine lebenslange Übung, an die wir uns täglich in Konzentration, Freude und Gelassenheit heranwagen können. Wie im klassischen Tanz können wir uns dabei Gottes Führung überlassen.

ZUM NACH-DENKEN

- Welche Gebetsform passt zu meiner aktuellen Lebensweise? Was möchte ich ändern?
- Welche Bitte formuliere ich heute und für die nächste Zeit? Wofür bedanke ich mich?
- Kenne ich die Herzensträgheit? Womit habe ich gute Erfahrungen gemacht, um wieder herauszufinden?
- Es gibt, vor allem im Umkreis der Klöster, vielfältige Angebote, sich in unvertraute Gebetsweisen einzuüben. Kann und möchte ich mich einige Tage dafür freimachen?

ZUM WEITERLESEN

- Für das tägliche Gebet: Te Deum. Kostenlos online verfügbar: https://www.maria-laach.de/te-deum-heute/
- Anselm Grün: Kleine Gebetsschule, Freiburg 2017.
- Franz Jalics: Lernen wir beten. Eine Anleitung, mit Gott ins Gespräch zu kommen, Kevelaer 2010 (Neuauflage von 1981).

GEMEINSAM AUF DEM WEG

Freundschaft ist einer der Schlüssel zu einem gelingenden Leben. Durch den Blick auf die Eigenschaften und Eigenheiten des Freundes bekommt man eine Ahnung davon, wie Leben auch noch gestaltet werden kann, und man wird offen dafür, manches Ungewohnte als echte Option zu sehen. Bei wahren Freunden trauen wir uns, zu unseren Möglichkeiten und Grenzen zu stehen und unsere Vorstellungen, Ängste und Hoffnungen zu zeigen und spielerisch Ungewohntes in den Blick zu nehmen. Denn Freunde begegnen sich in einer Atmosphäre des Vertrauens und gegenseitiger Zuneigung. Das bereichert.

Gegenüber Menschen, mit denen wir in lockereren Beziehungen stehen, sind wir vorsichtiger und zurückhaltender und stellen weniger Ansprüche an das wechselseitige Voneinander-Lernen. Das sind Nuancen, und jede Beziehung kann auch den Kern der Freundschaft in sich tragen und sich dahin entwickeln.

Gerade in Zeiten des Umbruchs stellt sich die Frage nach wahrer Freundschaft und für aktuell geknüpfte Beziehungen noch einmal auf eine ganz neue Weise: Wer fängt mich auf? Wer gehört zu meinem »Netz«? Wem kann ich bedingungslos vertrauen? Wen möchte ich besser kennenlernen? Daher im Folgenden einige Überlegungen dazu, was wahre Freundschaft ausmacht und wie wir im Vielerlei von Beziehungen unseren Weg finden können.

Eine Vorbemerkung: Der unterschiedliche Charakter von Frauen- und Männerfreundschaften beziehungsweise die

Möglichkeiten und Grenzen einer Freundschaft zwischen einem Mann und einer Frau sind vielfach beschrieben worden. Frauen untereinander tun sich wie vermutlich auch Männer untereinander miteinander leichter als in gemischtgeschlechtlichen Freundschaften, weil manche Erfahrungen nicht umständlich erklärt werden müssen. Das birgt jedoch immer auch die Gefahr, dass der vermeintlich geteilte Blick auf die Wirklichkeit doch nicht so ganz stimmt. Ich werde darauf nur am Rand eingehen, da es mir vor allem um praktische Erfahrungen geht und nicht um theoretische Einordnungen.

BEIM NAMEN NENNEN

Wenn Freunde einander beim Namen nennen, ist das anders, als wenn es die Arbeitskollegin oder der flüchtige Bekannte tut. Der Name ist dasjenige Merkmal, das am nächsten von dem ureigensten Geheimnis einer Person erzählt. Den Namen bekommen wir bei der Geburt zugesprochen und in diesen Namen hinein entwickeln wir uns. Manchmal spüren Menschen im Lauf ihres Lebens, dass ihnen nun ein anderer Name mehr entspricht, und verändern ihn auch offiziell. Das kann bedeuten, dass sie sich aus dem Geburtsnamen herausentwickelt haben und neue Aspekte ihrer Persönlichkeit ans Licht drängen. Die Bibel kennt die von Gott zugesprochenen kleinen, aber bedeutsamen Namensänderungen von Abram zu Abraham, von Sarai zu Sarah, von Simon zu Petrus, von Saulus zu Paulus. Auch auf dem Weg der Bindung in eine Klostergemeinschaft wird meist ein neuer Name gegeben, der Taufname jedoch bleibt. Ebenso legen sich Schriftstellerinnen oder Schauspieler manchmal einen anderen Namen zu. Ähnliches gilt bei der Einwanderung in ein anderes Land. Üblich ist das bei der Einwanderung von Juden nach Israel, die sich als Zeichen der neuen Identität einen hebräischen Namen wählen.

Freundinnen können einander durch die Interpretation des Namens zusagen, wen sie in der anderen erkennen: »Du bist Mirjam und ich sehe in dir die Frau, die durch das Leben tanzen möchte.« Dazu braucht es Vertrauen und eine offene Begegnung. Dann können Menschen einander darauf hinweisen, was das Charisma des Freundes ist und wie sie seine spezifische Berufung erleben: »Da sagte er zu ihnen: Ihr aber, für wen haltet ihr mich? Simon Petrus antwortete und sprach: Du bist der Christus, der Sohn des lebendigen Gottes! Jesus antwortete und sagte zu ihm: Selig bist du, Simon Barjona; denn nicht Fleisch und Blut haben dir das offenbart, sondern mein Vater im Himmel. Ich aber sage dir: Du bist Petrus und auf diesen Felsen werde ich meine Kirche bauen und die Pforten der Unterwelt werden sie nicht überwältigen« (Mt 16,15–18).

Manche Menschen bleiben, auch, wenn sie sich schon lange Zeit kennen, dabei, sich zu siezen, ja, sie lehnen ein Angebot, sich beim Vornamen zu nennen, ab. Das hat viele Facetten. Eine davon ist, dass man die Distanz beibehalten und dem anderen weniger Einblick in seine Identität und damit keine Macht über sich geben möchte. Das verrät uns das Märchen von Rumpelstilzchen, dessen Macht in dem Moment gebrochen ist, als die Frau des Königs seinen Namen erfährt und es damit anredet. So offenbart man mit seinem Namen, bewusst oder unbewusst, immer auch etwas, das einen verletzlich machen kann.

MIT WEM MÖCHTE ICH WEITERGEHEN?

Selbst wenn man sich zusagt, weiterhin in Verbindung zu bleiben, ist es doch so, dass die allermeisten Kontakte nach dem Ende einer Lebensetappe sehr schnell im Sand verlaufen. Zu Beginn eines neuen Abschnitts ist es daher wichtig, sich zu fragen: Welche Menschen sollen mich weiterhin begleiten?

Wer war eher ein Lebensabschnittskollege oder -freund? Den Verlust mancher Kontakte werden wir eher leicht hinnehmen können. Anderes können wir aktiv gestalten. Hier kommt wieder die Frage ins Spiel: Welche Kraft spüre ich in meinem Innersten und in welche Richtung weist sie mich? Die Antwort, die ich darauf finde, legt mir dann nahe, wer mir in meinem Leben wirklich wichtig ist. Jetzt ist eine gute Gelegenheit, hier neu hinzuschauen und zu überprüfen: Welche Beziehungen sind so grundlegend, dass ich sie behalten oder auch neu vertiefen möchte? Mit wem kann ich das Geheimnis, für das mein Name steht, teilen? Wen möchte ich nahe bei mir haben? Auch dann, wenn es unüberbrückbare räumliche Distanzen gibt, ist innere Nähe möglich.

Jetzt ist die richtige Zeit, in aller Ruhe die Menschen durchzugehen, die einem auf dem Weg bisher begegnet sind und die einem wichtig waren. Ich stelle sie mir vor Augen, schaue vielleicht ein Foto an und spüre in Dankbarkeit all dem nach, was sie mir mitgegeben haben – auch diejenigen, die ich als schwierig empfunden habe oder mit denen ich Konflikte hatte.

Wenn das Bild von den Begegnungen mit einer Person in mir auftaucht und ich noch einmal das anschaue, was wir zusammen erlebt haben: Höre ich die Stimme dieses Menschen in mir? Vielleicht ist er schon gestorben. Was sagt er mir heute? Welches Wort, welche Haltung bleibt in Erinnerung? Gibt mir das einen Schwung für heute? Ich werde mich an Trennungen erinnern. Einige gingen von mir aus, wieder andere von beiden Seiten oder nur von der anderen Seite. Was waren die Folgen? Kann ich in Dankbarkeit loslassen und mich von den Personen verabschieden, die mein Leben eine Zeit lang geteilt haben? So öffnet sich Raum für gegenwärtige Herausforderungen und zukünftige Begegnungen und ich komme wieder etwas mehr dem auf die Spur, wer ich heute bin.

Um es konkret zu machen, kann man die eigenen Adressenlisten durchgehen: Wer ist wichtig und soll in der Liste bleiben? Wer kann vorerst noch bleiben, aber in seiner Bedeutung in die zweite Reihe gesetzt werden? Wessen Daten sollen ganz gelöscht werden?

TOXISCHE BEZIEHUNGEN MEIDEN

Eine sehr grundlegende Frage, die man sich bei der Auswahl der Menschen im eigenen Umfeld stellen sollte, lautet: Wer tut mir gut, wer nicht? In welcher Hinsicht? Wer raubt mir nur Energie? Es gibt Menschen, bei denen man aus einem Gespräch oder einer Teamsitzung völlig erschöpft herausgeht. Bei anderen empfindet man, dass sie nur Ansprüche stellen und es in der Beziehung keine gute Balance von Geben und Nehmen gibt. Wieder andere haben grundsätzlich bei allem ein »Aber« einzuwenden, Bedenkenträgerinnen sozusagen. Sie können jeden guten Einfall bremsen oder ihn gar mit der negativen Sicht auf all das, was passieren könnte, zunichtemachen. Das kann sich vergiftend, toxisch, auswirken.

Im Beruf und im öffentlichen Leben kann man solchen Menschen oft nicht aus dem Weg gehen, sondern sich allenfalls eine gewisse professionelle Distanz zu ihnen zulegen und lernen, sich innerlich so abzugrenzen, dass die negativen Energien nicht in die eigene Seele dringen. Auch die eigene Familie oder den Nachbarn kann man sich nicht aussuchen. Aber man kann sich klar entscheiden, wen man wie nahe an sich heranlässt und wie viel Zeit man jemandem schenkt. Oder wie weit man sich auf Streitgespräche einlässt, auch in den Sozialen Medien.

Aus Gründen der sozialen Verantwortung kann man nicht alle ungeliebten Kontakte kappen. Zugleich gibt es die Verantwortung, sich selbst weiterzuentwickeln. Dazu gehört, dass man sich vor negativer Energie schützen muss. Im Übrigen: Wenn jemand nur negative Energie verbreitet, braucht er mich eigentlich nicht. Und ich nütze ihm auch nicht. Vielleicht gibt es aber eine Chance, seinen Panzer ein bisschen zu öffnen oder ich kann ihm irgendwie weiterhelfen. Bin ich vielleicht grade die Richtige in dem Moment? Das sollte klug überlegt werden. Die Strategie kann lauten: klar Stellung beziehen, eventuell Angebote machen, sich aber nicht verstricken lassen. Ich bin es mir selbst wert. Ich möchte Frieden, Freude, Licht in mir wirken lassen.

Es gibt in der Beschreibung der Vita des heiligen Benedikt eine bezeichnende Geschichte, die beinahe tödlich endete: In einer Gemeinschaft war der Abt gestorben. Nun kamen die Brüder zu Benedikt und baten ihn, ihr Oberer zu werden. Obwohl er schon ahnte, dass sie nicht zusammenpassten, gab er schließlich nach und sagte zu. Er »achtete auf ein Leben nach der Regel, sodass keiner mehr wie früher durch unerlaubtes Handeln vom Weg des klösterlichen Lebens nach rechts oder links abweichen durfte. Da gerieten die Brüder, deren Leitung er übernommen hatte, in sinnlose Wut. Sie begannen, sich Vorwürfe zu machen, dass sie ihn gebeten hatten, ihr Vorsteher zu sein. Ihre Verkehrtheit stieß sich an seiner Geradheit. Sie sahen nun, dass unter ihm Unerlaubtes unerlaubt blieb, und es schmerzte sie, von ihren Gewohnheiten lassen zu müssen. Hart kam es sie an, dass sie in ihrer alten Gesinnung gezwungen wurden, Neues zu lernen; ist doch das Leben der Guten für Menschen mit schlechten Sitten immer unbequem. Deshalb suchten sie nach einer Gelegenheit, ihn umzubringen.

Sie berieten miteinander und mischten dann Gift in den Wein. Als das Glas mit dem vergifteten Trank nach dem Brauch des Klosters bei Tisch dem Abt zur Segnung gebracht wurde, streckte Benedikt die Hand aus und machte das Zeichen des Kreuzes. Auf dieses Zeichen hin zerbrach das Glas, das in einiger Entfernung gehalten wurde, als hätte er nicht das Kreuz gemacht, sondern einen Stein auf das Gefäß des Todes geworfen. Sofort erkannte der Mann Gottes, dass darin ein todbringender Trank gewesen war, weil das Glas das Zeichen des Lebens nicht hatte ertragen können. Da erhob er sich, rief die Brüder zusammen und sagte mit friedfertigem Blick und gelassenem Sinn: ›Der allmächtige Gott erbarme sich euer, Brüder. Warum habt ihr mir das antun wollen? Habe ich euch nicht vorher schon gesagt, dass eure und meine Lebensweise nicht zusammenpassen? Geht und sucht euch einen Abt nach eurer Art. Denn nach allem, was geschehen ist, könnt ihr mich nicht mehr halten‹« (D II, 3,2–4).

Auch wir spüren manchmal, wenn wir eine Anfrage bekommen, sofort, dass da etwas nicht zusammenpasst – und geben doch nach. Solche halbherzigen Zustimmungen führen oft zu zähen Prozessen und unbefriedigenden Ergebnissen. In der oben genannten Geschichte wird es noch dramatischer. Die Brüder in ihrer »Verkehrtheit« waren eine Gefahr für Benedikt, der in »Geradheit« leben wollte. Das Gift, das hier buchstäblich in den Wein gemischt wurde, kann auch das Gift negativer Verhaltensweisen und negativen Sprechens sein. Um sich davor zu schützen, hilft oft nur, sich abzuwenden und den Ort zu verlassen.

Ähnlich lesen wir das in den Evangelien. Jesus lehrte, er heilte und ging weiter. Immer wieder wird berichtet, dass er bei sinnlosen Auseinandersetzungen die Menschen stehen ließ und einfach wegging. Er ließ sich nicht in spitzfindige theologische Streitgespräche verstricken. Sein Lehr- und Beziehungsmodell war frei, erwachsen und auf Augenhöhe, ganz im Sinn von: »Nimm es an, wenn du kannst. Ich werde nicht versuchen, dich zu überreden.«

Ein Beispiel: »Da kamen die Pharisäer und Sadduzäer zu Jesus, um ihn zu versuchen. Sie forderten von ihm, ihnen ein Zeichen vom Himmel zu zeigen. Er antwortete ihnen: Wenn es Abend wird, sagt ihr: Es kommt schönes Wetter; denn der Himmel ist feuerrot. Und am Morgen sagt ihr: Heute kommt schlechtes Wetter, denn der Himmel ist feuerrot und trübt sich ein. Das Aussehen des Himmels wisst ihr zu beurteilen, die Zeichen der Zeit aber könnt ihr nicht beurteilen. Diese böse und treulose Generation fordert ein Zeichen, aber es wird ihr kein anderes gegeben werden als das Zeichen des Jona. Und er ließ sie stehen und ging weg« (Mt 16,1–4). Was Jesus mit dem »Zeichen des Jona« meint, hat mehrere Dimensionen. Im Alten Testament wird die Geschichte des Propheten Jona erzählt, der vor der Zumutung seiner Berufung floh und drei Tage und drei Nächte im Bauch eines Fisches verbrachte, bevor dieser ihn ausspuckte und er an Land gespült wurde. Danach folgte er seiner Berufung und ging in die Stadt Ninive, um ihren Bewohnern den Untergang zu predigen, wenn sie nicht umkehrten. So ist das »Zeichen des Jona« in erster Linie als Konfrontation mit dem Wort Gottes zu lesen: Davonlaufen nützt nichts. Und die drei Tage und Nächte im Bauch des Fisches sind vorausschauend auf Tod und Auferstehung Jesu gedeutet worden. Jedenfalls: Auch Jona ließ sich nicht auf Diskussionen mit den Menschen in Ninive ein, sondern sagte – nach einem längeren inneren Kampf – klar, was er durch göttlichen Auftrag wusste. Und die Bürger Ninives taten Buße und kehrten um. Jona wiederum passte das gar nicht, weil er dadurch seine mühsam angenommene Rolle als Unglücksprophet aufgeben musste. Und er hatte eine neue Lektion zu lernen, nämlich sich damit auseinanderzusetzen, dass es nochmal ganz anders kam, als erwartet.

Für uns gilt es, eine kluge Balance zu finden zwischen einer extrem individualistischen Haltung, die nur dem eigenen Inneren nachspürt (Jona: »Ich will nicht, ich kann nicht«) und dem größeren Lebenskontext, in den wir alle hineingestellt sind (»Sage den Bewohnern von Ninive ...«). Denn jeder von uns ist eingebunden in kleinere oder größere Netzwerke und trägt dort Verantwortung.

Eine andere Kategorie von Menschen, die toxisch für mich sind, sind solche, die mir oder anderen tatsächlich Gewalt angetan haben, in welcher Form auch immer. Sollte dies der Fall sein, muss ich einen Weg finden, mich nicht nur zu distanzieren, sondern mich gänzlich von ihnen zu trennen. Hier ist Aufarbeitung auf einer anderen Ebene notwendig und möglicherweise auch professionelle Hilfe und Begleitung hilfreich. Vielleicht ist dafür gerade jetzt, da ich mein Leben neu ordnen muss, der richtige Zeitpunkt.

FREUNDSCHAFTEN UND BEZIEHUNGEN, DIE BLEIBEN

So ist, wenn man seine Freundschaften und Beziehungen anschaut, zu fragen: Für wen habe ich weiterhin Verantwortung, auch wenn es mir nicht immer »Spaß« macht? Wie kann ich das gestalten? Und mit wem bin ich auf Augenhöhe in wechselseitiger Freundschaft verbunden? Die meisten Menschen sind einander Wegbegleiter für Lebensabschnitte. Auf Dauer bleiben Familie und einige wenige Freunde oder jene, mit denen man durch ein Versprechen verbunden ist (Partnerschaft oder Ordensgemeinschaft). Aber es kann sich die Bedeutsamkeit der Personen füreinander verändern. Bei Menschen, von denen man sich nicht trennen will oder kann, etwa der engeren oder weiteren Familie, ist es immer wieder notwendig, die Beziehungen zu klären: Was verbindet uns? Wie oft wollen wir uns treffen? Haben wir gemeinsame Rituale, die über runde Geburtstagsfeiern oder das Zusammentreffen bei Beerdigungen hinausgehen? Wenn wir wissen, dass wir uns in Krisenzeiten unverbrüchlich aufeinander verlassen können, kann der Kontakt das Jahr über auch mal auf wenige Gelegenheiten beschränkt sein. Oder im Alter wieder enger werden. All das bekommt häufig gerade in Umbruchsituationen schrittweise neue Gestalt oder neue Bedeutung.

Zu welchen Gruppen man bisher gehört und ob das weiterhin passt, ist ebenfalls zu entscheiden. Wo möchte ich zukünftig meine Energie einfließen lassen und woraus kann ich selbst Energie schöpfen? Was ist mein Part im Netz der aktuellen Beziehungen? Was kann mein Beitrag zum Fortbestand der Gruppe sein? Wofür bin ich verfügbar? Was an mir ist unverzichtbar für die Gruppe, was würde fehlen, wenn ich nicht dabei wäre? Kann ich verantworten, die Gruppe zu verlassen und ein Amt in andere Hände zu legen? Im Chor, in der Wandergruppe, dem Stammtisch, im Ehrenamt? Spüre ich Erleichterung, wenn ich daran denke? Und wieder gilt es, sorgfältig zu unterscheiden: Zunächst einmal geht es um meinen Weg und nicht darum, jede Gruppe zu retten. Kriterien bei einer möglichen Entscheidung können sein, ob ich Freude und Leichtigkeit empfinde, wenn ich an das Aufhören denke.

Nun sollen Beziehungen neu ausgewählt und gestaltet werden. Dazu ist es notwendig, dass wir in eine gute Balance finden zwischen dem, was wir von uns und unserer derzeitigen Lebenssituation verstanden haben, und der Offenheit dafür, was uns darüber hinaus gezeigt werden will. Beispielsweise sollte man nur, weil man gerade entdeckt hat, wie gut einem das Wandern tut, jetzt nicht mit Scheuklappen durch die Welt laufen und nur noch Wanderfreunde suchen, Wanderbücher und Wander-Apps lesen.

Schön ist es, wenn wir erleben, dass wir spontan von vorgegebenen Bildern, die wir uns über einen Menschen gemacht haben, befreit werden und neu sehen, wie jemand heute ist. Vorausgegangen sind vielleicht lange Suchprozesse, Fehleinschätzungen und Konflikte. Aber irgendwann passt es für beide. Oder auch nicht. Dann ist Trennung unvermeidlich. Von der Person, von den Vorstellungen, die man von den Charismen des anderen hatte, und von den eigenen Hoffnungen, die damit verknüpft waren.

Was hat das alles mit der Gestaltung von Freundschaften zu tun? Beziehungen und Freundschaften werden gepflegt auf der Basis dessen, was wir als unsere Gaben erkannt haben. Man bringt sich vermutlich nie ganz in eine Beziehung ein. Dennoch suchen wir mit einigen wenigen Menschen eine weitgehende Resonanz, auch in der Verschiedenheit der Charaktere und der Interessen. Man muss nicht in großen Teilen übereinstimmen oder die gleichen Interessen haben. Es genügt, wenn eine gemeinsame Wertebasis und ein gegenseitiger Respekt vorhanden sind und wir eine Leichtigkeit in den Begegnungen wahrnehmen. Mit wem das gelingt und mit wem eher nicht, wird immer auch ein Geheimnis bleiben. Wir wollen einander kennenlernen und dadurch uns selbst immer mehr verstehen. Jede Freundschaft hält uns einen Spiegel vor. Und sie spornt uns an, über unsere Grenzen zu gehen, Neues auszuprobieren und zu wachsen. Indem eine Freundin uns ermutigt, unsere Gaben einzusetzen, ja, indem sie uns erst auf das hinweist, was in uns steckt, erfüllt die Freundschaft ganz den Zweck, gemeinsam der je eigenen Berufung auf die Spur zu kommen.

Körperliches Verlangen mag eine Rolle spielen, berührt aber nicht das Wesen von Freundschaft. Eher geht es darum, den Eros von Hingabe der Freundin an ihre Leidenschaften zu bestaunen, sei es ihre Malerei, ihr Orgelspiel, ihr Schreiben, ihre Arbeit mit jungen oder alten Menschen. Dazu kommt, dass wir uns darüber freuen, wie die andere ihr Dasein mittels ihrer Stärken und auch ihrer kleinen oder größeren Schwächen gestaltet. Eine Freundschaft mit einem anderen Menschen kann nicht alle Aspekte meiner eigenen Person und alle meine Bedürfnisse abdecken. So gehört es zum Kennzeichen von wahrer Freundschaft, dass sie nicht auf Exklusivität pocht, sondern weitere Freundschaftsverhältnisse großzügig zulässt. Freunde brauchen allerdings auch eine besondere Aufmerksamkeit. Selbst wenn es nicht um Quantität der Begegnungen geht, so ist doch wahre Freundschaft nur mit einigen wenigen Menschen möglich, sowohl von der Resonanz wie von der Intensität der Zuwendung her. Freundschaft fordert uns auch in dem Sinn, dass wir an den Eigenheiten des Freundes uns selbst besser kennenlernen. Das mag erhellend wie erschreckend sein.

Benedikt legt den Brüdern ans Herz: »Sie sollen einander in gegenseitiger Achtung zuvorkommen; ihre körperlichen und charakterlichen Schwächen sollen sie mit unerschöpflicher Geduld ertragen; in gegenseitigem Gehorsam sollen sie miteinander wetteifern ... Die Bruderliebe sollen sie einander selbstlos erweisen ... Christus sollen sie überhaupt nichts vorziehen. Er führe uns gemeinsam zum ewigen Leben« (RB 72,4–12).

Ein zuvorkommender Mensch – das ist eine alte, kaum mehr gebräuchliche Redewendung. Darin steckt die Verhaltensweise einer Person, die dem, was das Gegenüber braucht, zuvorzukommen bestrebt ist. Benedikt zitiert im Kapitel über die Rangordnung im Kloster aus dem Römerbrief: »Kommt einander in gegenseitiger Achtung zuvor« (RB 63,17, Röm 12,10). Zuvorkommend zu sein entspricht nicht unbedingt dem Zeitgeist. Darüber nachzudenken, wo das heute noch erlebbar ist, lohnt sich jedoch.

Benedikt geht es mit dieser Steilvorlage darum, dass wir uns klarmachen, dass alles, was wir tun und lassen, auf das eine Ziel hin ausgerichtet sein soll, gemeinsam »zum ewigen Leben« zu gelangen. Dazu dient nicht zuletzt auch die zuvorkommende Haltung, die ich dem Nächsten gegenüber entwickle. Das »ewige Leben« lasse ich als ein Bild stehen, das jeder für sich aufschlüsseln mag. Nur so viel: Ewigkeit ist nicht nur irgendwann nach dem Tod erfahrbar, sondern immer auch schon im Jetzt. Dass Benedikt weiß, dass es ein viel zu hoher Anspruch ist, beständig eine zuvorkommende Haltung und »unerschöpfliche Geduld« gegenüber den Schwächen der anderen zu zeigen, lesen wir im letzten Kapitel, wo er, sich selbst einschließend, schreibt: »Wir aber sind träge, leben schlecht, sind nachlässig und müssen deshalb vor Scham erröten.« Wie kann es trotzdem gehen? »Nimm diese einfache Regel als Anfang und erfülle sie mit der Hilfe Christi« (RB 73,7.8). Auf die Hilfe Gottes vertrauen und jeden Tag neu anfangen – gerade für die Gestaltung des Umgangs mit anderen Menschen, seien sie Freunde oder nicht, ist dies entscheidend.

ZUM NACH-DENKEN

- Was verbinde ich heute mit meinem Namen? Was mit dem Namen enger Freunde, Freundinnen?
- Wer ist mir wirklich Freund, Freundin, unabhängig von Entfernungen und Häufigkeiten einer Begegnung?
- Welche Beziehungen bauen sich gerade um, wie nehme ich meine Gestaltungsmöglichkeiten wahr?

ZUM WEITERLESEN

- Gertraud Matthies: Frauenfreundschaften. Wege zum weiblichen Glück, Münsterschwarzach 2021.
- Joachim Negel: Freundschaft. Von der Vielfalt und Tiefe einer Lebensform, Freiburg 2020.

VERGESST DIE GASTFREUNDSCHAFT NICHT!

Von Gastfreundschaft zu Freundschaft ist es nur ein kleiner Schritt. Das eine kann aus dem anderen erwachsen und umgekehrt. Ein Blitzlicht aus meiner eigenen Geschichte: Ich bin in München geboren, aufgewachsen, habe hier studiert und gearbeitet und bin schließlich auch in München ins Kloster eingetreten. Meine Eltern jedoch waren beide Flüchtlinge, meine Mutter Sudetendeutsche, mein Vater aus der ehemaligen Sowjetunion. Beide kamen nach dem Krieg mit wenig mehr als den Kleidern auf ihrem Leib hier an. So waren Fremdheit, Gast sein, Heimat immer Themen bei uns. Für mich war das Gefühl, an genau diesem Ort zu Hause zu sein, nie selbstverständlich, ich musste mir München als Heimat diskursiv erobern. Es gibt keine Häuser, Straßen, Gräber in dieser Stadt, zu denen Erinnerungen erzählt wurden. Nur ein paar Schwarzweißfotos von Orten, die für mich nicht erreichbar waren. Was mir allmählich zur Heimat wurde, waren Teile der deutschen Kultur, Literatur, in München die Schwabinger Szene oder die Pfarrjugend, studentische Gruppen, Frauengruppen, bestimmte, klar abgegrenzte Milieus. Viel später kam dann »das Benediktinische« dazu. Bayern oder gar Deutschland als Heimat – das hätte ich so nie gesagt. Und deshalb ist die Erfahrung des »Drinnen-Seins« für mich zwar gelebter Alltag – aber doch nie so ganz selbstverständlich. Daher verstehe ich es sofort, wenn sich jemand eine Wohnung sucht, von der aus er (notfalls) zu Fuß den Bahnhof erreichen kann, wie ich neulich in einem Zeitungsartikel las. Meine Eltern wurden hier aufgenommen, konnten sich entwickeln, leben und in Frieden sterben. Sie wurden jedoch nie ganz zum Teil dieser Gesellschaft. Mein Vater, der schließlich mit einem US-amerikanischen Pass lebte, war zwar im Privaten und im Beruf »zu Hause«, nicht jedoch in einem konkreten Land. Und meine Mutter trug den rebellischen und bunten Teil der alten K.u.k.-Monarchie tief in sich.

Der Beginn einer neuen Lebensphase kann also auch bedeuten, dass ich an einem für mich fremden Ort, vielleicht sogar in einem anderen Land Wurzeln schlagen möchte – oder muss. Da kommen mir vielleicht Begriffe wie Fremdsein, Heimat, Einheimischer in den Sinn. Oder auch Gast und Gastgeberin. Denn auch wenn ich am gleichen Ort, an dem ich schon lange lebe, bleibe, habe ich nun nicht nur die Möglichkeit, Freundschaften neu zu definieren, sondern ich kann auch meine Rolle als Gast und Gastgeberin bewusst und anders als bisher gestalten. Ein Wort aus dem Hebräerbrief kann dabei eine Spur weisen: »Vergesst die Gastfreundschaft nicht, denn durch sie haben einige, ohne es zu ahnen, Engel beherbergt« (Hebr 13,2). Gastfreundschaft zu pflegen, ist, wenn ich diesen Satz betrachte, immer eine Chance, dass etwas geschieht, das über die konkrete Gegenwart hinausweist.

Welche Fragen stellen sich konkret? Will ich, da ich nun allein lebe, die freien Räume meiner Wohnung und meiner Zeit mehr damit füllen, Menschen einzuladen? Werde ich selbst mehr Einladungen annehmen? Oder mich eher zurückziehen? Liebäugele ich damit, Gastgeberin eines Zirkels zu sein – beispielsweise zum Lesen, Werkeln oder Kochen? Kaufe ich mir einen großen Esstisch? Das sind Fragen, die jeder für sich und je nach Temperament, Vorlieben und Möglichkeiten beantworten muss. Benediktinerinnen stellen sich diese Fragen nicht. Ihnen wird ans Herz gelegt, dass Gäste jederzeit aufgenommen und willkommen geheißen werden sollen. Und zwar alle, erwartete wie unerwartete, länger- oder kurzfristig Bleibende, solche, die man gerne bei sich hat, oder auch diejenigen, die man erst mal als schwierig empfindet. Auch und gerade Menschen in Notsituationen. Das kann manchmal mühsam sein, etwa wenn es darum geht, traumatisierte Menschen aus Kriegsgebieten aufzunehmen. Oder wenn jemand um Kirchenasyl bittet. Was hinter diesem Gebot der Gastfreundschaft ohne Wenn und Aber steht, ist die klare Aussage: »Alle Fremden, die kommen, sollen aufgenommen werden wie Christus; denn er wird sagen: ›Ich war fremd, und ihr habt mich aufgenommen‹« (RB 53,1, nach Mt 25,31).

ICH STEHE VOR DER TÜR UND KLOPFE AN

Wie gut es tut, wenn man bereits an der Tür so empfangen wird, dass man den Eindruck hat, es gibt nichts Wichtigeres auf der Welt als mich, die ich gerade ankomme, das haben wir wohl alle gelegentlich erlebt. Gerade dann, wenn wir, erschöpft von einer langen Auto- oder Bahnfahrt, froh sind, endlich das Ziel erreicht zu haben, ist es schön, wenn man regelrecht aufgefangen wird. Anzukommen beginnt mit dem Druck auf den Klingelknopf, und dann, wenn die Tür sich öffnet, mit dem Überschreiten der Schwelle: Ein kleiner Moment des Zögerns, man verlässt die eine Wirklichkeit und tritt in die andere ein – wie wird es werden? Werde ich willkommen geheißen? Wird das, was ich mitbringe, erwünscht sein? Bin ich vielleicht sogar ersehnt? Kann ich mich der anderen zumuten, so wie ich grade bin?

In der Regel Benedikts heißt es: »Sobald ein Gast gemeldet wird, sollen ihm … der Obere und die Brüder voll dienstbereiter Liebe entgegeneilen« (RB 53,3). Und noch zugespitzt: »Sobald jemand anklopft oder ein Armer ruft, antworte (der

Pförtner): ›Dank sei Gott‹ oder ›Segne mich‹« (RB 66,3). Da steht nichts von einer Prüfung: Wer ist das, woher kommt er, was will er, hat er Papiere, hat er Geld? Braucht er etwas oder bringt er etwas mit? Wir werden vielmehr aufgefordert, offen zu sein für das Unerwartete. Existenziell gesagt: Wie wird diese Begegnung unser beider Leben verändern? Jede Begegnung, und sei es nur mit der Nachbarin, die ich jeden Tag sehe, kann hier und heute mein Leben umkrempeln. Da klingt von Ferne etwas von dem an, was in der Offenbarung so formuliert wird: »Ich stehe vor der Tür und klopfe an« (Offb 3,20). Gott selbst ist es, der vor der Tür steht.

Erst wenn der Fremde über die Schwelle getreten ist, ist er Gast und gehört dazu. Diesen Schritt macht man normalerweise nicht bewusst. Aus kommerziellen Gründen wird uns heute das Erlebnis der Schwelle oft genommen: In den Fußgängerzonen gibt es kaum einen Unterschied zwischen drinnen und draußen, die Türen stehen weit offen, bauliche Schwellen sind beseitigt, die einzige Schranke ist die Klimaanlage, die uns hineinzieht. Und im Internet ist man nur einen Klick von allem Wichtigen und Unwichtigen entfernt. »Niedrigschwelligkeit« ist ein magisches Wort unserer Zeit. Damit ist, im Gegensatz zu den alten Symbolen der Macht wie riesige Eingangshallen, hohe Treppen und eine Vorzimmerflucht, ein guter Schritt zur Demokratisierung der Gesellschaft getan. Aber wir haben damit auch etwa verloren: den bewussten Schritt über eine Schwelle. Die Regel Benedikts sieht vor, diese Zäsur zu setzen, indem der Abt dem Gast zur Begrüßung die Füße wäscht. Praktiziert wird dies heute vereinzelt in der Form, dass dem Gast vom Abt zum Empfang symbolisch Wasser über die Hände geschüttet wird. Der Abt selbst soll diesen Dienst tun, in Anspielung auf die Fußwaschung, die Jesus seinen Jüngern zuteilwerden lässt. Wir können diese Geste interpretieren als Ausdruck der Haltung: »Ich bin dir zu Diensten.« So ist der Abt angehalten, immer mit den Gästen zu speisen (RB 56,1). Der Gast soll ganz im Mittelpunkt stehen mit seinen Bedürfnissen, den leiblichen wie den seelischen. All das kann ich auch einmal durchspielen, wenn ich mir als Privatperson Gäste nach Hause einlade. Was erwarten wir voneinander?

EINANDER RÄUME ERÖFFNEN

Der Gastgeber empfängt den Gast, der Gast bringt etwas mit: sich selbst mit seiner ganzen Lebensgeschichte, seiner Weisheit, seinen Fragen, seinen Verletzungen und so weiter. Was da auf mich zukommt, ist immer wieder eine Überraschung. Es ist eine Zumutung für beide. Auch wenn es keine Gleichung ist, die direkt aufgeht – einer gibt und der anderer empfängt –, so wird sich doch bei guten Begegnungen langfristig zeigen, dass Geben und Nehmen in Balance kommen.

Für beide verschiebt sich der Horizont des Bekannten. Wir, die wir drinnen sind, bemühen uns, zuvorkommend zu sein, die von draußen Kommende weiß ebenso wenig wie wir, was geschehen wird. Und dann erlebt sie in unerwarteter Weise, dass sie erwartet wird. Wirklich als Person erwartet. Sie wird angenommen und verstanden. Beide sind angesprochen und angerührt. Damit ist eine Türe aufgestoßen zu einem unbekannten Raum, und es wird ein neues Kapitel aufgeschlagen.

Die Weihnachtserzählung vom Kind in der Krippe und dem Besuch der Hirten und der Magier aus dem Osten läutet etwas ein, was die Menschheitsgeschichte verändert hat. Im Kleinen kann sich das auch heute ereignen. So können bei gutem Essen oder an einem Krankenbett genauso wie bei einer Tasse Kaffee in der Kantine geschlossene Welt- und Glaubensbilder aufbrechen. Ich erlebe es immer wieder, dass eine Begegnung beide Personen über den Bereich des Vertrauten hinausführt. Wenn es gelingt, die jeweiligen Anfragen wirklich zu hören und aufzunehmen, dann kann etwas in Schwingung kommen, dann entsteht Resonanz.

In der Regel heißt es: »Man lese dem Gast die Weisungen Gottes vor, um ihn im Glauben zu erbauen« (RB 53,9). Damit zu beginnen, würde heutzutage sogar im Kloster zu Recht als übergriffig empfunden werden. Wir laden Gäste dazu ein, in unsere Gebetszeiten zu kommen und mit uns zu essen. Und wir sprechen mit ihnen, wenn sie das wünschen. Wir hören uns an, was jede Einzelne gerade umtreibt oder wo sie eine »Baustelle« in ihrem Leben sieht. Einander »im Glauben zu erbauen« übersetzt sich dann so: Es baut sich etwas auf, das für das eigene Leben wichtig ist. Dazu können gemeinsame, ruhige, nachdenkliche oder auch lebhaft-engagierte Gespräche beitragen, welche die echten, persönlichen Lebensgeschichten berühren, auch wenn das schmerzhaft sein kann. Diesen Raum zu eröffnen ist Aufgabe der Gastgeberin. Manchmal braucht es viel Fantasie, damit dies gelingt, manchmal reicht schon eine Kleinigkeit.

Ein unspektakuläres Beispiel aus meinem Leben: Eine Freundin, ehemalige Kollegin, ist eine wunderbare Gastgeberin, die mich früher oft zum Essen eingeladen hat. Lange in den Abend hinein haben wir über Gott und die Welt gesprochen. Als ich dann mitten während unserer gemeinsamen Berufstätigkeit ins Kloster eintrat, änderten sich meine zeitlichen Möglichkeiten radikal. Ich stehe früh auf, und lange Abende mit Freunden sind nur noch in Ausnahmefällen kompatibel. Da schwenkte sie einfach auf Einladungen zum Mittagessen um, was vielleicht für ihre eigene Zeitstruktur nicht immer so ganz einfach war. So konnten wir unser Ritual des guten Essens mit anregenden und unterstützenden Gesprächen fortsetzen, wenn auch in größeren Abständen als zu Beginn. Obwohl unser Alltag inzwischen sehr verschieden aussieht, gelingt immer wieder das, was ich mit Resonanz meine: Es öffnet sich ein Raum, vergleichbar einem Klangkörper, in dem man sich gerne und gut aufhält und in dem sowohl Verwirrung und Ärger Platz haben wie auch kreative neue Gedanken auftauchen können.

Nochmals der Blick auf die Klöster als Orte der Gastfreundschaft: Sie öffnen ihre Räume für Menschen, die auf der Suche nach Rückzug, Stille, Klärungen oder Erfahrung mit dem gemeinsamen Gebet sind. Immer in dem Bewusstsein, dass wir, die Schwestern und Mönche, letztlich die Beschenkten sind. Unsere Deutung der Wirklichkeit ist zentral geprägt durch die Ausrichtung auf die Gegenwart und die Wirkkraft Gottes. Auch wenn uns das nicht zu jeder Stunde bewusst ist, ist es doch unser Fundament. Die Menschen, die kommen, sind manchmal zum ersten Mal an so einem ganz anderen Ort, und damit sind sie auch Gast in der alten biblischen, für sie fremden Sprache, vor allem der Psalmen. Ob sie sich darauf einlassen können und wollen, darf ihr Geheimnis bleiben. Wir leihen ihnen nur unsere Worte und unsere Gesänge. Dass ihnen in solchen Häusern manches seltsam fremd ist, macht für sie oft gerade den Reiz aus und erlaubt ihnen, präsent und zugleich in Distanz zu sein. Das Haus bietet einen Schutzraum für begrenzte Zeit, kein Zuhause. So öffnen wir einen Ort für »Glauben auf Zeit«. Wir beherbergen Menschen, die auf der Suche nach Orientierung und dem Sinn in ihrem Leben sind. Diese Suche nach dem »Mehr« verbindet uns mit ihnen, denn auch wir sind auf der Suche.

Es kommt vor, dass die Gäste ganz überraschende Geschenke bringen. Im Buch Genesis wird die wunderschöne biblische Geschichte von Abraham und Sara erzählt (Gen 18): Abraham sitzt vor seinem Zelt unter den Eichen von Mamre in der Mittagshitze und plötzlich tauchen drei Gäste auf (oder auch nur einer – das bleibt unklar). Abraham bringt ihnen Wasser, damit sie sich die staubigen Füße waschen können, er tischt auf, was Haus und Stall zu bieten haben. Es entsteht ein Gespräch, in dem unerwartet etwas thematisiert wird, was das Leben von Abraham und seiner Frau Sara ganz wesentlich betrifft: ihr unerfüllter Kinderwunsch. Dann wird Sara verheißen, dass sie trotz ihres hohen Alters schwanger werden und übers Jahr einen Sohn gebären wird – und Sarah lacht, ungläubig und dennoch voller freudiger Überraschung. Wichtig an dieser Erzählung ist mir für unseren Zusammenhang, dass sich auch hier ein Raum öffnet, in dem es möglich ist, dass tiefe Sehnsüchte hochkommen können. Der Resonanzraum. Ein befreiendes Lachen bricht sich Bahn. Man kann sich die Atmosphäre gut vorstellen. Dass dann sogar ein Wunder geschehen kann, das Wunder neuen Lebens, ist noch das i-Tüpfelchen der Geschichte.

»Vergesst die Gastfreundschaft nicht; denn durch sie haben einige, ohne es zu ahnen, Engel beherbergt«, habe ich eingangs aus dem Hebräerbrief zitiert. So ist auch in der Geschichte von Abraham und Sara nicht klar, welcher Art die Gäste sind. Und es darf offen bleiben. Gäste, die Schritte zu neuem Leben möglich machen, sind Boten einer anderen Welt. Und auch die Gastgeberinnen, die solche Begegnungen ermöglichen.

OFFENHEIT FÜR DAS UNERWARTETE

Ich weiß nicht, wie es sich anfühlt, wenn man sich weltweit über Couch-surfing-Portale Übernachtungen sucht und immer wieder Gastfreundschaft in verschiedensten Formen erlebt und auch selbst praktiziert. Sicher wird man in gewisser Weise »Profi« und lernt, sich in fremden Wohnungen wie in fremden Kulturen zu bewegen. Die Seiten können leichter und spielerischer gewechselt werden. Aber auch dann werden die wirklichen Begegnungen, die den Blick auf das eigene Leben verändern, eher die Ausnahme sein. Die Zumutung des Fremden ist immer eine Chance und ein Impuls zur eigenen Besinnung, vielleicht sogar zur Umkehr. Es ist egal, ob Menschen auf meiner Couch sitzen oder ich auf der ihren, immer kann ein anspruchsvoller Lernprozess in Gang kommen, der vielleicht mit einem mulmigen Gefühl beginnt, aber dann zu neuer Kreativität für das eigene Leben führt.

Gelebte Gastfreundschaft, im Geben wie im Empfangen, macht frei von der Macht des Wissen-Wollens, was richtig ist. Sie macht offen für andere Perspektiven und Erkenntnisse. Sie lehrt uns Gehorsam gegenüber der aktuellen Situation. Denn wir sind bleibend unterwegs. Wir pilgern weiter und setzen uns nicht fest, legen uns nicht fest, auch wenn wir einen festen Wohnsitz haben. So bleiben wir auf der Spur, die uns die Sehnsucht weist und auf der wir immer wieder die paradoxe Erfahrung machen können, dass der Gast es ist, der das Brot teilt, und der Gastgeber es ist, dem die Augen aufgehen. So, wie es uns in der Begegnung der Jünger auf dem Weg nach Emmaus mit dem Auferstandenen erzählt wird, den sie am Brotbrechen erkannten (vgl. Lk 24,13–35).

Noch radikaler: Gastfreundschaft schenkt eine Vorahnung auf Vollendung. Gast und Gastgeberin können in dem, was sich zwischen ihnen ereignet, auf das aufmerksam gemacht werden, was noch aussteht. Gastfreundschaft kann für beide Seiten wunderbar und beglückend sein, ja, sie kann das Leben jedes Einzelnen verändern – und bleibt dennoch Fragment. Gerade dadurch kann sie das Bruchstückhafte des Lebens umso deutlicher spürbar machen. Ähnlich ist es mit dem Konstrukt »Heimat«. Gerade im Wissen, dass es nicht die letztgültige Heimat ist, in der wir uns bewegen, ist die Hoffnung auf Fülle und endgültige Aufnahme gegenwärtig. In der Messe erleben wir die liturgische Gastfreundschaft, die Eucharistie, das geteilte Mahl, das uns immer wieder auf die endgültige Erfüllung hinweist, indem es sie bereits gegenwärtig macht. Beim Propheten Jesaja heißt es: »Der Herr der Heerscharen wird auf diesem Berg für alle Völker ein Festmahl geben mit den feinsten Speisen, ein Gelage mit erlesenen Weinen, mit den feinsten, fetten Speisen, mit erlesenen, reinen Weinen. Er verschlingt auf diesem Berg die Hülle, die alle Völker verhüllt, und die Decke, die alle Nationen bedeckt. Er hat den Tod für immer verschlungen und Gott, der Herr, wird die Tränen von jedem Gesicht abwischen« (Jes 25,6–8a). Das ist die eigentliche Sehnsucht, auf die hin wir uns orientieren, wenn wir Gastfreundschaft erleben. Und das begehen wir anfanghaft auch in jedem gemeinsamen Mahl.

GÄSTE EMPFANGEN IM ÖFFENTLICHEN RAUM

Durch die Flüchtlingsströme weltweit werden wir immer wieder herausgefordert, Menschen aus anderen Ländern und Kulturen als Gäste aufzunehmen, nicht nur privat, sondern auch in unseren Klöstern und in den Kommunen. Da geht es darum, die wechselseitige Fremdheit als beständige Quelle des Lernens wahrzunehmen. Gastfreundschaft ist dann zunächst ein politisches Programm mit dem Ziel, Integration oder Multikulturalität möglich zu machen. Wie jede Begegnung trägt sie in sich jedoch ein Mehr als die Frage nach kultureller Identität. Wir können erfahren, dass jede erworbene Zugehörigkeit auch wieder durchkreuzt wird und wir als Gast wie als Gastgeberin die Fremdheit radikal erleben. Wer von uns hat das nicht schon erfahren: wunderbare Stimmung, gutes Essen, gute Gespräche. Und doch bricht durch eine Bemerkung plötzlich auf, dass beide ganz und gar verschiedene Erfahrungen und Perspektiven auf die gleiche Wirklichkeit haben. Ein Freund von mir erzählte, wenn er neue Menschen kennenlerne, sage er meist gleich bei der Vorstellung, dass er Jude sei. Er wollte so von vornherein vermeiden, dass der Gesprächspartner unbedachte Äußerungen von sich gebe – was er verschiedentlich erlebt hat – und er dann aufstehen und gehen müsse.

Ich habe zwar immer wieder die Gegenseitigkeit betont, dennoch habe ich eher aus der Sicht einer geschrieben, die im sicheren Haus lebt und Gäste von draußen empfangen kann. Eine radikale Umkehrung der Vorzeichen ist etwa dann gegeben, wenn Streetworker sich als Gäste der Menschen auf der Straße begreifen, da diese es sind, die den Raum der Straße bewohnen.

Meine Eltern, die über fünfzig Jahre hier gelebt haben: Waren sie Einheimische? Ich denke nicht. Waren sie Gäste? Das auch nicht. Am ehesten trifft der Begriff des Soziologen Georg Simmel zu: »der Gast, der bleibt«. Und das ist für mich ein Bild für unser Leben insgesamt: Wir sind Gäste hier auf dieser Erde, Gäste, die bleiben. Das macht das Thema Gastfreundschaft ein Leben lang aktuell und spannend.

ZUM NACH-DENKEN

- Welche Erfahrungen habe ich als Gast gemacht – bei Freunden, bei Fremden, in Hotels?
- Wen lade ich gerne ein? Weshalb?
- Habe ich schon erlebt, dass mir durch einen unerwarteten Gast etwas sehr Wichtiges aufgegangen ist?

ZUM WEITERLESEN

- Ein Klassiker: Georg Simmel: Der Gast, der bleibt (Original 1908), Frankfurt/Main 1992.
- Und etwas Aktuelles: Sascha Stanisic: Herkunft, München 2019.

BESTEIGE DAS RICHTIGE SCHIFF UND SEGLE LOS!

Wenn wir auf unseren bisherigen Lebensweg schauen, ist klar, dass vieles eindeutig hinter uns liegt. Das gilt bereits in jungen Jahren: die erste Verliebtheit, Schule, Studium, Ausbildung, die erste eigene Wohnung, all das war neu und aufregend und ist nun Vergangenheit. Umso mehr gilt dies in höherem Lebensalter. Wie die Weichen für die Gegenwart gestellt werden können, wurde in den vorausgehenden Abschnitten anhand einiger Themen vorgeschlagen. Nun soll es noch konkreter darum gehen, was unsere Aufgabe hier und heute sein kann und wie wir uns darüber klar werden können. Wieder dreht sich alles um die Einübung des rechten Hörens. Zugespitzt geht es darum, in dieser Phase unter veränderten Bedingungen die Lebensberufung zu entdecken. Wozu bin ich heute berufen? »Berufung« ist ein Begriff, den manche scheuen, weil er zu groß scheint oder im Gegenteil eingeengt auf die Berufung zum Priester oder in den Ordensstand interpretiert wird.

Ich habe vor einiger Zeit Studierende gefragt: »Was bedeutet für Sie Berufung?« Für die allermeisten verband sich der Begriff ausschließlich damit, einen Beruf zu finden, den man gerne und gut ausüben kann, eine Aufgabe, in der man ganz aufgeht, eine Tätigkeit, für die man eine bestimmte Begabung hat. Etwa so: »Berufung bedeutet für mich, etwas zu tun, was man aus innerer Überzeugung macht. Berufung ist mehr, als nur eine Arbeit auszuführen, es ist in dieser Arbeit aufzugehen, seine Erfüllung zu finden, nicht zuletzt auch deswegen, weil in der persönlichen Berufung eine spezielle Gabe steckt, die den einzelnen Menschen zu etwas Besonderem macht. Berufung ist so etwas wie eine innere Stimme, die mir sagt, welche Lebensgestaltung für mich passt.« Gesagt wurde auch: »Berufung bedeutet für mich, einem mächtigen und wohligen Gefühl zu folgen und dies auch kundzutun.« Die Perspektive, »dass Gott etwas mit mir vorhat«, haben demgegenüber nur die allerwenigsten, und auch da in ganz unterschiedlichen Schattierungen. So findet es eine Frau »schwerfällig, ansprüchlich, sich einem für mich vorgesehenen Plan zu ergeben. Das ist Anmaßung: sich selbst so darzustellen, als wäre man ausgesucht, dies und das zu tun«.

Der Duden nennt Berufung eine »besondere Befähigung, die jemand als Auftrag in sich fühlt«. Der Beruf, in dem man arbeitet und sein Geld verdient, und die persönliche Berufung können zusammenpassen. So konnte der Dichter Clemens von Brentano formulieren: »Dein Beruf ist, was dich ruft.« Nicht immer ist dies der Fall. Jetzt, an einer Lebenswende, gibt es eine neue Chance, dem, was in einem verborgen ist, vorsichtig und entschieden zugleich nachzuspüren.

SIE HABEN EIN TALENT, WIR HABEN EINEN JOB!

Mit diesem Spruch wirbt ein Handwerkerbetrieb um Lehrlinge. Das Wort »Talent« ist aus dem Evangelium entlehnt. Dort wird das Gleichnis erzählt, in dem ein Mann sein Vermögen seinen drei Dienern anvertraut, jedem eine unterschiedliche Summe von Talenten (Geldstücken). Die ersten beiden setzen sie ein und können sie so vermehren, der Dritte vergräbt sie aus lauter Angst, dass er sie verlieren und der Besitzer ihn bestrafen könnte. Die beiden Ersten werden nach der Rückkehr des Besitzers gelobt und belohnt, der Dritte wird scharf zurechtgewiesen. Es wird als ein sehr schweres Vergehen betrachtet, wenn jemand seine Talente (im buchstäblichen und im übertragenen Sinn) nicht einsetzt (vgl. Mt 25,14ff). Auch wenn wir Mitleid mit dem Ängstlichen haben und bei uns ab und zu ähnliche Tendenzen wahrnehmen, so hängt doch die Verwirklichung unseres Menschseins grundlegend davon ab, wie wir unsere Begabungen fruchtbar werden lassen. Wir haben das Recht und die Pflicht, unsere Gaben einzusetzen. Wo dies durch äußere Begrenzungen nicht möglich ist, etwa bei der Berufung, die manche Frauen zur Ausübung von priesterlichen Diensten in der katholischen Kirche in sich tragen, ist dies eine beständige Anfrage an die Institution. Ähnliches gilt für Ordensgemeinschaften von Frauen, bei denen die Weite der Ordensregel mit den Vorschriften des gültigen Kirchenrechts kollidiert. Wenn also Talente ungenutzt bleiben (müssen), kann dies als systemisches Verschulden gesehen werden. Wichtig ist ferner: Der Mann, von dem im Evangelium die Rede ist, gibt nicht jedem eine bestimmte Summe als Test, sondern er gibt »sein Vermögen«, das heißt: alles. Damit soll das Handeln Gottes deutlich gemacht werden.

»Du hast ein Talent, ich habe einen Job« – das ruft uns auch Gott zu. Fragen wir uns also: Was sind meine Talente und wie setze ich sie ein? Ist es vielleicht an der Zeit, das »Passwort« neu zu finden, von dem Romano Guardini spricht und welches mir für diese Zeit zugesagt ist? Es kann im Kern gleich bleiben und sich doch in der aktuellen Bedeutung ändern. Wenn jemand etwa »Treue« als sein Passwort erkannt hat, dann ist die Bedeutung in einer Familie eine andere als nach dem Auszug der Kinder oder bei einer schweren Erkrankung der Partnerin. Auf der Basis dieses Grundmusters gilt es, lebenslang die Gaben zu entdecken und zu wecken, die in konkrete Aufgaben umgesetzt werden wollen. Daher ist zu fragen: Welche Gaben habe ich mit auf den Weg bekommen und wie kann ich damit beitragen zu dem, was ich als wesentlich für mein Leben erkannt habe?

Paulus unterscheidet in seinem Brief an die Römer verschiedene »Gnadengaben« und sagt sehr nachdrücklich, dass sie alle gleichermaßen gültig sind. Im Bild des Leibes, der verschiedene Organe hat, ist es von existenzieller Bedeutung, dass alle wie in einem Orchester gut zusammenklingen: »Wie wir an dem einen Leib viele Glieder haben, aber nicht alle Glieder dieselbe Aufgabe haben, so sind wir, die vielen, ein Leib in Christus, als Einzelne aber sind wir Glieder, die zueinander gehören. Wir haben unterschiedliche Gaben, je nach der uns verliehenen Gnade. Hat einer die Gabe prophetischer Rede, dann rede er in Übereinstimmung mit dem Glauben; hat einer die Gabe des Dienens, dann diene er. Wer zum Lehren berufen ist, der lehre; wer zum Trösten und Ermahnen berufen ist, der tröste und ermahne. Wer gibt, gebe ohne Hintergedanken; wer Vorsteher ist, setze sich eifrig ein; wer Barmherzigkeit übt, der tue es freudig« (Röm 12,4–8).

Die Perspektive von Paulus, dass es um den Aufbau des Leibes Christi geht, mag für manche zu steil sein. Sagen wir, dass es um die Erkenntnis der eigenen Fähigkeiten und Möglichkeiten für ein verantwortliches Miteinander geht. Weder ist es angemessen, sich kleinzumachen und zu denken, dass der eigene Beitrag keine Bedeutung hat, noch ist es sinnvoll und zielführend, Aufgaben anzustreben, die den eigenen Begabungen nicht entsprechen. Für die Gaben, die ein Mensch hat, benutzt Paulus das Wort »Charisma«. Wir sprechen von einem charismatischen Menschen, wenn er uns durch sein Auftreten, seine Rede und sein mutiges Handeln begeistert. Wenn er etwas ausstrahlt, das ansteckend wirkt. Gründerpersönlichkeiten in allen Bereichen des Lebens haben oft ein solches Charisma.

BERUFUNGSGESCHICHTEN HEUTE

In jeden von uns ist eine Begabung hineingelegt und will umgesetzt werden. Zunächst geht es darum, dieses spezielle Charisma in sich zuzulassen, was bedeutet, auf die innere Stimme zu hören, die uns sagt: »Mach das! Bewirb dich auf diese Stelle! Nimm diese Herausforderung an! Steig auf das Schiff und segle los!« Oder auch: »Hör auf, dich damit zu beschäftigen: Was gewesen wäre, wenn ...! Hör auf!« Auch darin steckt das Verb »hören«, da weist uns die Sprache wieder einmal auf verborgene Zusammenhänge hin.

Nun gibt es immer die Möglichkeit, dass man sich verhören kann. Wir erfahren etwas und können es nicht einordnen. Oder das, was eigentlich in uns schlummert, wird überlagert von dem, was andere von uns erwarten beziehungsweise was eher als normal gilt. Oder was ich mir einbilde, was sein soll. Manchmal braucht es lange Umwege, bis jemand wirklich da angekommen ist, wo er das verwirklichen kann, was das Eigene ist.

So war Mutter Theresa zunächst bei den Loretoschwestern eingetreten, wo sie 17 Jahre lang lebte und als Lehrerin arbeitete. Mit 36 Jahren zeigte sich ihr, dass ihre Berufung eine neue Wendung bekommen sollte: die Zuwendung zu den Ärmsten der Armen. Auch bei Künstlerinnen und Personen des öffentlichen Lebens ist dies zu entdecken. Marianne Koch etwa, die ein Medizinstudium begann und dann durch Zufall beim Film landete und 20 Jahre lang eine beachtliche Karriere durchlief, die sie bis nach Hollywood führte. Nach einer persönlichen Krise beendete sie diese Karriere mit Mitte vierzig und setzte ihr Medizinstudium fort, um danach über 20 Jahre in eigener Praxis als Ärztin zu wirken. Noch mit 90 Jahren gibt sie ihr Wissen in Radiosendungen und Büchern weiter und kann so einen wesentlichen Beitrag zur allgemeinverständlichen Übersetzung komplizierter medizinischer Zusammenhänge leisten. Oder die Kabarettistin Lisa Fitz, die durch ihre Eltern zunächst in die Moderation einer beliebten Volksmusiksendung gedrängt wurde, wo sie großen Erfolg hatte. Es schien, als ob ihr Weg in dieser Sparte vorgezeichnet sei. Doch im genaueren Nachspüren wurde ihr allmählich klar, dass dies nicht zur Entfaltung ihrer eigentlichen Fähigkeiten führen würde. Dann erst konnte sie sich als Kabarettistin neu erfinden. Olga Neuwirth, Jahrgang 1968, Tochter des Jazzpianisten Harry Neuwirth, war auf dem besten Weg, in die Fußstapfen ihres Vaters zu treten und eine der ganz großen Jazztrompeterinnen zu werden. Ein Autounfall, bei dem sie schwere Kieferverletzungen erlitt, machte dem abrupt ein Ende. Sie änderte ihre Pläne, blieb jedoch der Berufung zum Jazz treu und ist heute eine der bekanntesten Komponistinnen der jüngeren Generation. Mein eigener Lebensweg führte mich erst mit 47 Jahren ins Kloster, nachdem ich zuvor als Fachhochschulprofessorin gelehrt und ganz anders gelebt hatte.

Oft verhört man sich also zunächst gründlich oder muss sich freischwimmen von den Erwartungen anderer. Wobei der sogenannte Umweg einfach der Weg ist, welchen es braucht, um dahin zu gelangen, wo man heute steht. Einen Weg zu verlassen, heißt nicht, dass er falsch war. Er ist nur zu Ende.

ÜBERSETZERINNEN UND BEGLEITER AUF DEM WEG

Unseren Ruf zu hören, dabei können uns andere helfen. In der Berufungsgeschichte des Propheten Samuel ist dies der Priester Elija, der ihm, als der Herr ihn nachts das dritte Mal anruft »Samuel, Samuel!« übersetzt, dass es der Herr ist, der ihn ruft und ihn die richtige Antwort lehrt: »Rede, Herr, dein Diener hört« (1 Sam 3,10). So kann Samuels Weg beginnen.

Wir können das, was uns von einem Lehrer gesagt wird, jedoch nur dann wirklich annehmen, wenn es mit dem korrespondiert, was wir bereits als Verheißung in uns tragen, wenn auch unbewusst und sehr tief verborgen. Alles andere wäre Manipulation und führt nicht dazu, dass sich unsere Gaben entfalten können. Denn es gibt immer auch die Gefahr, dass jemand uns das nahebringen möchte, was für ihn selbst wichtig ist. Da sind wir leicht in der Grauzone geistlichen Missbrauchs.

Wer sind die Berater auf dem Weg? Jeder erfahrene Mensch kann derjenige sein, der einem anderen hilft, die eigentliche Berufung zu finden. Zum Beispiel ein Vermittler des göttlichen Wortes wie in den großen Berufungsgeschichten der biblischen Propheten. Genauso ist es aber möglich, dass Menschen sich einander anvertrauen und sich gegenseitig auf Augenhöhe begleiten. Es ist an vielen Stellen heute eine übliche Form, dass Menschen zu zweit oder in einer Gruppe als Weggemeinschaft die besondere Einmaligkeit des jeweils anderen benennen und ihn ermutigen, seine Charismen fruchtbar werden zu lassen. In der italienischen Frauenbewegung wurde in den 1980er-Jahren der Begriff des Affidamento populär, abgeleitet von *affidarsi* – sich anvertrauen. Anknüpfend an die biblische Geschichte von Ruth, die mit ihrer Schwiegermutter Noemi den Weg zurück in die alte Heimat geht und dort einen Mann findet und für die durch diese Ehe ihre Kinderlosigkeit ein Ende hat, meint dieses Konzept, dass Frauen sich über Altersunterschiede hinweg einander anvertrauen und wechselseitig füreinander Verantwortung übernehmen. Und eben auch die besonderen Begabungen der jeweils anderen erkennen und fördern wollen.

Hören, wer ich sein kann – das kann man sich von einer Freundin, einem Weisen, einem professionellen Berater oder einer Begleiterin zusagen lassen. Die Entscheidung, ob man dem Zugesagten folgt, wird einem jedoch niemand abnehmen, sondern sie kann nur aus einem selbst, aus dem Hören nach innen kommen. Dazu muss man Räume der Stille aufsuchen, immer und immer wieder, und darum bitten, dass sich klärt, was richtig ist. Dies sollte zu einer guten Gewohnheit werden. Räume, in denen dies erfahrbar wird, können leere Kirchen sein, die Natur oder ein Ort in der eigenen Wohnung. In diese immer wieder neu zu erobernde Stille hinein kann dann ein Wort fallen, das uns aufrichtet und zeigt, wie es weitergehen kann – ein Wort aus einem Gespräch, einem Buch, ein Wort aus lange vergessen geglaubten Zusammenhängen. Dann ist es Zeit, unsere Berufung selbst in Worte zu fassen. Und ihr zu folgen.

AUFSTEHEN UND DIE RICHTUNG ÄNDERN

Es ist nicht einfach, in den komplexen Zusammenhängen, in denen wir stehen, den einen Ruf wahrzunehmen, der mich und nur mich betrifft. Die biblischen Erzählungen suggerieren, dass dies Augenblicksentscheidungen sind. So etwa, wenn Abram gesagt wird: »Der Herr sprach zu Abram: Geh fort aus deinem Land, aus deiner Verwandtschaft und aus deinem Vaterhaus in das Land, das ich dir zeigen werde! Ich werde dich zu einem großen Volk machen, dich segnen und deinen Namen groß machen. Ein Segen sollst du sein ... Da ging Abram, wie der Herr ihm gesagt hatte« (Gen 12,1–4). Ähnlich liest es sich auch, wenn Jesus die Jünger beruft. Er spricht sie an und sie lassen alles stehen und liegen und gehen mit ihm. Zwar sind das zugespitzt formulierte Geschichten, dennoch wird darin eines klar: Es muss eine innere Disposition und eine Offenheit für diesen Ruf geben. Und wir sind immer wieder auch heute mit buchstäblichen Blitzentscheidungen konfrontiert, die alles verändern. Dann gilt es, das richtige Schiff zu besteigen, den Kairos zu ergreifen.

So erlebte es der Münchner Jude Fritz Rosenthal. Er hatte nach mehreren Verhaftungen und Verhören durch die Gestapo 1934 eine Schiffskarte von Amsterdam nach Argentinien in der Tasche. Als er damit in einem Café saß, setzte sich eine entfernte Bekannte zu ihm. Sie frage ihn, warum er so bedrückt aussehe. Er erzählte ihr, dass er nun endlich das Land verlassen und ausreisen könne. Aber seine Bedenken bezogen sich auf das Ziel der Auswanderung. Er erklärte der Dame, dass die Destination seines Herzens Jerusalem sei. Die Frau meinte nur: »Man soll immer auf die innere Stimme hören. Folgen Sie dieser Stimme.« Nach diesem kurzen Gespräch ging er ins Reisebüro und gab die Fahrkarte zurück – in diesen Zeiten eine riskante und nicht gerade vernünftige Entscheidung. Einige Monate später gelang die Einwanderung nach Israel, wo er als Schalom Ben-Chorin ein berühmter Religionsphilosoph wurde. Bezeichnenderweise erinnerte er sich nicht mehr an den Namen der Frau, sah sie auch nie wieder. Für ihn war sie ein Engel, der ihm den Weg gewiesen hatte.[5]

Deutlich wird an diesem Beispiel: Wenn man einem inneren Ruf folgt, betrifft dies nie nur einen Teilaspekt der Persönlichkeit, sondern immer die Ganzheit des Lebens. Man ist nicht nur gerufen, »etwas« zu tun, sondern dieses »etwas« wird das ganze Leben umkrempeln. Es beginnt ein Abenteuer auf allen Ebenen, auch wenn es nicht immer so spektakulär ist wie bei Ben-Chorin.

Habe ich meine Berufung gefunden? Das erkennt man in erster Linie daran, dass die Energie und die Freude steigen, dass man sich gerne viele Stunden und Tage dieser Aufgabe widmet. Und wenn man am Ende des Tages müde ist, so ist es eine gute und wohltuende Erschöpfung, die sich anders anfühlt als nach Tätigkeiten, die für einen subjektiv keinen Sinn und keine Erfüllung (mehr) ergeben.

Nicht jeder Mensch ist dazu berufen, äußerlich »Großes« zu tun oder sich in bedeutende Projekte zu stürzen. Ich denke gerne an eine alte Schwester, die einmal sagte: »Ihr seid alle so beschäftigt und lauft so viel den ganzen Tag. Das kann ich alles nicht mehr. Aber ich will stellvertretend für euch ein ruhender Pol sein.« Und das war sie auch, wenn sie ganz in sich ruhend still am Fenster oder auf der Gartenbank saß und unsere Anliegen mit in ihre Gebete nahm.

Weiter zeigt sich, ob unsere Entscheidung richtig war, daran, was sie für Folgen hat. Authentisch gelebte Charismen werden immer Frucht bringen. Mit unserem Zutun kann etwas wachsen, wir kümmern uns um die Pflanzen, gießen sie und geben ihnen Nahrung, der eigentliche Gärtner, der gepflanzt hat, sind jedoch nicht wir. Und wir erleben, dass Dinge zusammenkommen und sich Erlerntes und Erlebtes in unserem Leben integriert, so, wie wir es nicht erwartet hätten: Eine Frau nutzt ihre alten Handarbeitskenntnisse, um mit türkischen Frauen ins Gespräch zu kommen; ein anderer kann seine IT-Erfahrung im Altenheim einbringen; eine Frau erkennt, dass geflüchteten Frauen mit Kindern durch Buggys geholfen wäre, und organisiert täglich viele Kinderwagen, die ungenutzt in den Kellern herumstehen; ein Reporter, dem es nicht mehr ausreicht, über die dramatische Situation der Flüchtlinge im Mittelmeer zu berichten, kündigt seinen Job, macht eine dreijährige Ausbildung als Notfallsanitäter und arbeitet für ein Jahr auf einem Schiff im Mittelmeer[6] und so weiter. Unser Leben, das uns manchmal fragmentiert erschien, wird nun als kohärent(er) erlebt. Irgendwann werden wir rückblickend erkennen, dass es in unserem Leben eine Linie gibt und dass manche sperrigen und ungeschliffenen Steine doch zusammenpassen.

ZUM NACH-DENKEN

- Wie kann ich mein Lebensthema für die aktuelle Lebensphase neu formulieren?
- Welche Entscheidung steht an? Mit wem möchte ich dafür in ein Gespräch gehen und mir meine besonderen Begabungen zusagen lassen?
- Was ist der nächste erste Schritt, den ich gehen werde?

ZUM WEITERLESEN BEZIEHUNGSWEISE WEITERSCHAUEN:

- In den Mediatheken der verschiedenen Sender findet man viele Lebensgeschichten, die davon berichten, wie die eigene Berufung entdeckt und gelebt wurde, etwa in der Serie »Lebenslinien« des Bayerischen Fernsehens.
- Christoph Theobald: Hören, wer ich sein kann. Einübungen, München 2019 (3. Aufl.).

IM RECHTEN MASS LEBEN

Haben Sie sich Flugscham zu eigen gemacht? Kaufen Sie überwiegend regional ein? Sind sie zurückhaltend mit der Verbreitung Ihrer Daten? Drehen Sie die Musik nicht zu laut auf, um die Nachbarn nicht zu stören? Bewegen Sie sich ausreichend, aber ohne zu übertreiben? Kommen Sie ungefähr auf 10.000 Schritte pro Tag? Gehen sie vernünftig mit den Dingen um, die sich in Ihrer Wohnung immer wieder anhäufen, ohne gleich Minimalistin zu werden? Legen Sie Geld auf die hohe Kante, ohne geizig zu sein? Sind Ihre Zeitstrukturen von Arbeit, Muße, Schlaf im Lot? Und wie ist es mit der Zeit, die Sie im Internet verbringen? Was sagt Ihnen die tägliche Nutzungszeit, die Ihnen Ihr Smartphone übermittelt? Jetzt ist die Chance gegeben, die eigenen Maßstäbe und Werte für solche ganz konkreten Entscheidungen zu überdenken und das eine oder andere zu verändern.

NICHT MITTELMÄSSIG UND NICHT ZERSTÖRERISCH

Ich sehe bei all diesen Fragen ein, dass ich immer wieder neu die Balance suchen muss. Gleichzeitig spüre ich eine starke Rebellion in mir, wenn ich denke, dass ich mein ganzes (restliches) Leben vernünftig zubringen und all dies ständig berücksichtigen soll. Das klingt nach mittelmäßig, ein bisschen davon und ein bisschen davon. Nichts ganz. Nichts richtig. Nicht aus dem Rahmen fallen, nicht aus dem Vollen schöpfen, nicht über die Stränge schlagen. Letztere Formulierung leitet sich davon her, dass ein Pferd, wenn es bei zu schnellem Galopp mit seinen Hinterbeinen über die Zugstränge seines Geschirrs schlägt, sich und den Wagen in Gefahr bringt, umzufallen. Das darf nicht passieren. Also: regelmäßiger, ruhiger Trab. Dann ist alles in Ordnung. Möchte ich wirklich danach leben?

Im rechten Maß beziehungsweise besonnen zu leben, ist eine der vier Kardinaltugenden der griechischen Philosophie, für die vor allem Aristoteles steht. Die drei anderen Tugenden sind Klugheit, Gerechtigkeit, Tapferkeit. Alle Menschen sollten sich ihren Möglichkeiten gemäß in ihrer Lebensführung bemühen, ihrem Handeln diese Tugenden als ethische Maßstäbe zugrunde zu legen.

Nach der Tugend der Mäßigung zu streben bedeutet jedoch nicht, dass der Mensch ordentlich und angepasst sein oder ähnliche Eigenschaften entwickeln soll, sondern dass er richtig sein soll. Ohne zu tief in die Philosophie einzutauchen, besagt die Tugend des rechten Maßes nicht Einschränkung oder Zügelung. Denn das steht im Widerspruch zum klassischen Urbild dieser vierten Kardinaltugend. Deren ursprüngliche Bedeutung ist eng verbunden mit einer Sinnlichkeit, die dem Leben dient, im Gegensatz zu einer exzessiven Lebensweise, die zur Selbstzerstörung führt. So wird das rechte Maß von seinem Ziel her qualitativ bestimmt und nicht rein quantitativ: Mit der ganzen Kraft der Sinnlichkeit, mit Eros soll das Ziel verfolgt werden. So kommt es in der Pflege, in der Kunst, in der Forschung und in allen anderen Feldern des Lebens immer wieder darauf an, dranzubleiben, ohne auf die Uhr zu schauen und die gestellte Aufgabe mit aller verfügbaren Energie und in Liebe zu bewältigen. Genau dann und nur dann lebt man im rechten Maß. Wie in allen Tugenden ist auch in der Tugend der Mäßigung die Möglichkeit, dass es kippt, jederzeit gegeben. Entweder zur Seite der Unmäßigkeit oder zur Seite des starren und unlebendigen Mittelmaßes. So muss man sich darüber im Klaren sein, dass das schrittweise Balancieren eine Lebensaufgabe bleibt.

FINDEN, WONACH ICH VERLANGE

Die Worte »maßvoll« und »maßlos« kommen in der Benediktsregel sehr häufig vor. Vor allem an einer Stelle entspricht die Botschaft ziemlich genau dem oben Gesagten. Sie ist einem der beiden Kapitel über den Abt entnommen: Der Abt halte »in allem Maß, damit die Starken finden, wonach sie verlangen, und die Schwachen nicht davonlaufen« (RB 64,19). Da wird als Maßstab benannt: Jeder soll das bekommen, wonach er verlangt. Das heißt nun aber nicht, was er gerade gerne hätte, sondern wonach seine Seele verlangt, was ihn geistlich wachsen lässt und was ihm hilft, seinen Weg der Gottsuche fortzusetzen. Also gerade kein Mittelmaß und schon gar nicht für alle das Gleiche, sondern für jeden das Seine! Es gibt noch eine Steigerung des Gedankens, der sich im Kapitel über die Fastenzeit findet. Da wird die Verantwortung dem Einzelnen selbst anvertraut: Er soll (in Absprache mit dem Abt) das ihm Zugewiesene überschreiten: »So möge jeder über das ihm zugewiesene Maß hinaus aus eigenem Willen in der Freude des Heiligen Geistes Gott etwas darbringen« (RB 49,6). »In der Freude des Heiligen Geistes«: Nicht durch Askese und Verzicht innerlich und äußerlich austrocknen, sondern die Fülle der Freude in sich lebendig halten!

Mit dem Pendel unseres Lebens werden wir immer wieder die Mitte ausloten müssen zwischen Angst und Mut, zwischen Genuss und Askese, zwischen Umarmung und Einsamkeit oder zwischen Freude und Leid. Und für alles gibt es eine Zeit – so beschreibt es der Prediger Kohelet im gleichnamigen Buch der Bibel. Dabei ist es jedoch mindestens genauso wichtig, dass das Pendel auch kräftig ausschlagen darf, dass wir das Gewohnte verlassen und uns gelegentlich erlauben, zu viel (oder zu wenig) zu tun. So werden wir dann hoffentlich immer besser darin werden, das Richtige zu treffen. Das braucht

Übung, das ist anspruchsvoll, ja mitunter anstrengend. Lebenskunst ist also buchstäblich Maß-Arbeit.

Mit der Sehnsucht, gelegentlich über die Stränge zu schlagen und unangepasst zu leben, hängt auch die Faszination fremder Welten zusammen. Nicht alle haben dies in gleicher Weise, nicht jeder möchte ausbrechen aus dem Gewohnten. Das »Gleichnis vom verlorenen Sohn« ist ein Beispiel für die verschiedenen Temperamente: Der eine zieht in die Welt hinaus, verprasst sein ganzes Erbe und kehrt reumütig ohne alles zurück. Der zweite Sohn hingegen bleibt zu Hause. Er tut alles, was zu tun ist – und ist wütend, als der Vater den Rückkehrenden herzlich wieder aufnimmt und ein Fest für ihn feiern lässt (vgl. Lk 15,11–32). Diese vielschichtige Parabel zeigt unter anderem, dass Lehr- und Wanderjahre uns helfen, erwachsen zu werden, auch wenn es äußerlich ganz und gar misslungen scheint. Der Sohn, der das Vaterhaus verlassen hat, hat gelernt dazu zu stehen, dass er vieles falsch gemacht und dabei trotzdem das Leben kennengelernt (und auch gesündigt) hat. Nun ist er bereit zur Umkehr. Demgegenüber ist der Bruder, der brav zu Hause geblieben ist, überzeugt, dass er alles richtig gemacht hat. Er bleibt ganz in seinem Um-sich-Kreisen und in seiner Unzufriedenheit gefangen. Er zeigt keine Herzensweite.

Die Geschichte müsste allerdings fortgeschrieben werden: Der »verlorene Sohn« darf sich jetzt nicht darauf ausruhen, dass er einige wilde Jahre hinter sich hat und nun wieder in das alte Leben einmündet. Es sollte erzählt werden, wie er die Erfahrungen von »draußen« integriert in das Leben, das er nun führen will. Oder auch, wie er erneut aufbricht, um sich mit dem zu konfrontieren, was er noch nicht verstanden hat. Die Anthropologin Nastassja Martin geht diesen Weg: In Sibirien von einem Bären angefallen und lebensgefährlich verletzt, kehrt sie nach vielen Operationen noch einmal zurück, überschreitet erneut die Grenze und begibt sich wieder in die Wälder Kamtschatkas und in die Zwischenwelt von Wirklichkeit und Traum, um zu verstehen, was geschehen ist. Auch wenn sich, zumindest für die Leserin, am Ende der atemberaubenden Geschichte keine Klarheit zeigt, ist es doch einleuchtend, dass diese Konfrontation hilft, um weitergehen zu können.[7]

Nicht zu vergessen ist, dass auch der zweite Sohn in der biblischen Erzählung seine Entwicklungsgeschichte durchleben muss. Der Ort, an dem er lernen soll, worauf es ankommt, ist das Haus des Vaters. Für ihn ist es notwendig, weg von Zorn, Wut und Enttäuschung wegen der erlebten Zurücksetzung und hin zum rechten Maß für sein Leben zu finden.

ES SOLL PASSEN – UND SCHMECKEN

In Bezug auf das alltägliche Leben spricht Benedikt von Regelungen, die maßvoll klingen im Sinne von: nicht zu viel, aber auch nicht zu wenig. Es ist wichtig zu sehen, dass es hierbei um Regelungen für eine Gemeinschaft und nicht für Einzelne geht. Sorgfältig wird das Maß der Speise und des Getränks ebenso wie der Verzicht auf Fleisch und der Besitz an Kleidung und allem anderen, was lebensnotwendig ist, geordnet. Im Unterschied zu franziskanischer Spiritualität ist nicht die Armut der erstrebenswerte Zustand, sondern ein bescheidener Lebenswandel, ähnlich dem der einfacheren Menschen der Umgebung. Es soll vermieden werden, dass die Brüder so wenig haben, dass ihre Gedanken beständig um das kreisen, was ihnen fehlt. Sie sollen wissen, dass es jeden Tag genug und abwechslungsreiches, gesundes Essen gibt und dass sie eine der Gegend, der Jahreszeit und auch ihren Aufgaben angemessene Kleidung bekommen. Wenn die äußeren Umstände jedoch so sind, dass deutliche Einschränkungen für alle notwendig sein sollten, dann sollen sie das annehmen und darüber nicht murren. Denn das Murren vergiftet nicht nur die eigene Seele, sondern ist auch ansteckend.

Das rechte Maß von Nahrung und Kleidung – das sind konkrete Bereiche, mit denen wir uns Tag für Tag auseinandersetzen müssen. Zugleich stehen sie stellvertretend für viele andere Themen unseres Lebens: Arbeit, Kommunikation, Bewegung, Schlaf. Wozu soll das alles dienen? Ein Aspekt ist sicher die Gesundheit. Gerade beim Thema Ernährung wird deutlich, wie leicht ein nicht maßvolles und unvernünftiges Essen kippen kann, nicht nur in Bulimie oder Magersucht, sondern auch dahin, dass man sich geradezu zwanghaft mit dem beschäftigt, was angeblich gesund ist. Für Menschen, die nur noch an gesundes Essen denken und streng definieren, was sie sich erlauben, gibt es inzwischen bereits den Fachbegriff Orthorexie (»richtiger Appetit«) – ein Zeichen, dass das Phänomen nicht mehr so selten ist und zur Gefahr der Unterversorgung mit Lebensnotwendigem führen kann.

Ernährung oder Genuss sind keine Alternativen. Ernährung bezeichnet das, was tagtäglich geschehen muss, leidenschaftslos. Genießen ist die Kunst, das, was da ist, mit allen Sinnen wahrzunehmen.

Das richtige Maß zu finden, hängt auch davon ab, welche Konstitution und welche Charaktereigenschaften mir in die Wiege gelegt wurden oder was ich biografisch entwickelt habe. Denn je nach Lebensphase, Kraftreserven, Gesundheit, Geschlecht, Lebensereignissen werde ich einen anderen Lebensstil pflegen und ein anderes Ausmaß an Energie, Bewegung, Anregungen, Erholung, Ernährung und so weiter benötigen, damit es mir gutgeht. Es gibt in den Kulturen und Religionen verschiedenste Modelle, nach denen Persönlichkeitstypen unterschieden werden. So gibt es etwa im Ayurveda die Dohas als bioenergetische Ausrichtungen, im christlichen Bereich wird oft mit dem Enneagramm gearbeitet. Auch die grobe Unterscheidung, ob man ein extrovertierter oder introvertierter Typ ist, kann hilfreich sein. Persönlichkeitstests sind eine erste Möglichkeit zur Orientierung, sofern man sich davon nicht einengen lässt und weiß, dass keine von uns einen Typus in Reinform verkörpert.

WOHLSTAND OHNE WACHSTUM

Unser Wirtschafssystem beruht auf ständigem Wachstum. Und dieses basiert wiederum auf der unterstellten Unersättlichkeit menschlicher Bedürfnisse. Ob es uns gelingt, aus dieser Wachstumsspirale auszusteigen und uns gesellschaftlich oder sogar global auf ein vernünftiges Maß zu beschränken, wird an vielen Stellen diskutiert. Wir wissen alle, dass es so nicht weitergehen kann. Und zugleich haben einfache Antworten den Geruch von Naivität. Was nützt es schon, wenn ich auf das Fliegen verzichte? Kleine Initiativen bemühen sich, manches umzusetzen und Landwirtschaft möglichst ohne Chemie zu betreiben. Dagegen stehen die vermeintlichen Sachzwänge der Logik wirtschaftlichen Handelns. Zahlreiche Forschungsinstitutionen weltweit, allen voran der Club of Rome, arbeiten seit Jahrzehnten daran, Modelle zu entwickeln, wie eine Postwachstumsgesellschaft beziehungsweise -ökonomie aussehen kann. Folgt man den Thesen von Postwachstumstheoretikern, so ist die heute vorherrschende Konkurrenz- und Wachstumslogik ein Narrativ, also eine Erzählung darüber, dass Wirtschaft und Gesellschaft nur so funktionieren können. Diese Deutung kann durch ein anderes Narrativ, etwa eines, das von einer Entkoppelung von Wohlstand und Wachstum erzählt, ersetzt werden. Und durch die bereits vor fünfzig Jahren konstatierten »Grenzen des Wachstums« (Club of Rome) sind andere Narrative längst auf dem Tisch. Klar ist, dass unbegrenztes Wachstum auf einem begrenzten Planeten nicht möglich ist. Welche Politik sich daraus, auch im internationalen Zusammenhang, entwickelt, wird sich in den nächsten Jahren zeigen.

Dies kann hier nicht vertieft werden. Ich frage nur vorsichtig nach: Was, wenn im Großen wie im Kleinen das gelten sollte, was die Benediktsregel vorsieht – wenn etwas Neues dazukommt, muss etwas Altes sterben? Also Wachstum auf einem Ast muss einen anderen zum Absterben bringen? Gleichgewicht bleibt erhalten? Jeder möge sich dazu ihre eigenen Gedanken machen und eigene Schlussfolgerungen ziehen. Persönlich gilt es, immer wieder die Balance zu finden zwischen den eigenen Bedürfnissen und den von außen an uns herangetragenen Ansprüchen. Dies hat Auswirkungen für uns selbst und für unsere Umgebung.

ENTSCHLEUNIGEN – EIN SEHNSUCHTSWORT?

Wenn wir über das rechte Maß sprechen, fällt uns gleich die Geschwindigkeit ein, in der unser Leben heute abläuft. Wir haben häufig das Gefühl, dass der Druck, Informationen aufzunehmen und Dinge rasch zu entscheiden, stetig wächst. Dass da »etwas dran« ist – keine Frage. Dennoch, einmal gegen den Strich gebürstet: Laufen wir nicht Gefahr, mit dem Reden über Entschleunigung eine neue Ideologie zu kreieren? Wozu entschleunigen? Damit wir uns »besser« fühlen? Gesünder? Länger leben? Reicht das? Wenn es einen Sinn haben soll, langsamer und bewusster zu leben, dann, um unseren inneren Kompass immer wieder neu zu justieren und die Frage nach dem Sinn unseres Lebens lebendig zu halten: In welche Richtung soll mein Leben gehen? Jetzt – hier und heute. Die Frage kann nicht sein, wie ich möglichst intensiv entschleunige, sondern ob ich in dem mir und meinen Aufgaben gerade jetzt angemessenen Rhythmus lebe. Passt das zu meinen Aufgaben und meiner Kapazität? Das Leben ist nicht immer ein breiter, ruhiger Fluss. Ist das überhaupt erstrebenswert? Ein kleiner, steiler Gebirgsbach mit Stromschnellen hat auch seine Reize.

Manches Heiligenleben war wie eine Kerze, die von beiden Seiten brennt und sich schnell verzehrt. Und auch das ist in Ordnung, ist *richtig*.

Papst Franziskus schreibt in seinem Apostolischen Schreiben »Die Freude des Evangeliums« von 2013: »Das Problem ist nicht immer das Übermaß an Aktivität, sondern es sind vor allem die schlecht gelebten Aktivitäten, ohne die entsprechenden Beweggründe, ohne eine Spiritualität, die die Tätigkeit prägt und wünschenswert macht. Daher kommt es, dass die Pflichten übermäßig ermüdend sind und manchmal krank machen. Es handelt sich nicht um eine friedvoll-heitere Anstrengung, sondern um eine angespannte, drückende, unbefriedigende und letztlich nicht akzeptierte Mühe. Diese pastorale Trägheit kann verschiedene Ursachen haben. Einige verfallen ihr, weil sie nicht realisierbaren Plänen nachgehen und sich nicht gerne dem widmen, was sie mit Gelassenheit tun könnten. [...] Andere fallen in die Trägheit, weil sie nicht warten können und den Rhythmus des Lebens beherrschen wollen. Das heutige Verlangen, unmittelbare Ergebnisse zu erzielen, bewirkt, dass die in der Seelsorge Tätigen das Empfinden irgendeines Widerspruchs, ein scheinbares Scheitern, eine Kritik, ein Kreuz nicht leicht ertragen« (Nr. 82).

Der Wunsch nach Entschleunigung ist sorgfältig daraufhin zu prüfen, ob nicht eine verborgene Trägheit dahinter schlummert. Wir wollen ausgewogen und maßvoll leben. Es geht um Bewusstheit in jeder Hinsicht, also sowohl bei den Wünschen nach Erfolg, nach Gelingen unserer Pläne wie bei den Wünschen nach Entspannung und Wohlbefinden.

Wie kommen wir in eine gute Balance zwischen den verschiedenen Polen? In eine Balance, die nicht ständig in Gefahr ist, nach der einen oder der anderen Seite zu kippen? Wie lernen wir, uns zu distanzieren von all dem, was uns in der Welt der Konsumtempel ständig angeboten und verheißen wird? Wie finden wir zu unserem ganz eigenen Maß? Wir sollten Abschied nehmen von der Vorstellung, dass wir jemals ganz und gar »richtig« leben werden, engagiert und entspannt, erfolgreich und gelassen zugleich. Wenn wir für heute unsere Aufgaben im richtigen Rhythmus und in der Freude des Heiligen Geistes wahrnehmen, ist schon viel gewonnen.

ZUM NACH-DENKEN

› Wenn ich an meinen Alltag denke: Was passt gut, wo engt mich etwas ein? Wie kann ich das ändern?

› Sorge ich mich manchmal zu viel oder zu wenig um die Grenzen meiner Kräfte?

› Möchte ich etwas Fremdes erleben? Wie gehe ich das an?

ZUM WEITERLESEN

› Marianne Gronemeyer: Genug ist genug! Über die Kunst des Aufhörens, Darmstadt 2008 (v. a. Kapitel VII: Kein Ende und kein Anfang).

› In der Benediktsregel gibt es in den Kapiteln 39/40 sehr detaillierte Anweisungen zum »Maß der Speise« und zum »Maß des Getränkes«. Nicht alles davon ist überholt.

Zum Thema Postwachstum:

› Frank Adler: Wachstumskritik, Postwachstum, Degrowth, München 2022.

› Tim Jackson: Wie wollen wir leben? Wege aus dem Wachstumswahn, München 2021.

› Empfehlenswert ferner der Blog: www.postwachstum.de.

WORTE INS LEBEN HINEINLESEN

Ein Bereich, der bei der Neuorientierung für jeden eine unterschiedliche Bedeutung hat, ist das Lesen. Für manche haben Kontakte mit Freunden jederzeit Priorität vor dem Rückzug in eine ruhige Lesestunde. Je nachdem, wie grundlegend oder »dramatisch« die Phase der Umorientierung ist, fehlt sicher auch Menschen, die sonst gerne lesen, für längere Zeit die Ruhe dazu. Wenn man sich dann jedoch in der neuen Situation eingerichtet hat, kann es nützlich sein, sich auch mit den eigenen Lesegewohnheiten zu beschäftigen und etwas Neues auszuprobieren.

Von Gebet und Arbeit war schon die Rede. Für Benediktiner gehört das Lesen zentral zu diesem Dreiklang dazu: *ora et labora et lectio*. Weshalb sind gerade diese drei Themen für das ganze Leben zentral? Weshalb nicht auch Sport, Freizeit, Beziehungen? Der Mönch, die Christin, will ein Mensch sein, der sein Leben lang betend in der Beziehung zu Gott steht und darin wächst. Deshalb ist das Gebet die Basis. Arbeit, körperliche wie geistige, dienen dem Broterwerb und der Pflege der Schöpfung. Und die Lesung guter, im Mönchtum vor allem geistlicher Lektüre, soll den Geist anregen, sich weiterzuentwickeln und zugleich die Heilige Schrift immer besser zu verstehen, indem man sich in den Strom derer begibt, die sie vor uns und bis heute meditiert und ausgelegt haben. Zu vielen anderen Bereichen des Lebens gibt es in der Regel Benedikts ebenfalls Vorschriften und Anregungen, vor allem zum Zusammenleben, der Gastfreundschaft, dem Umgang mit Kranken, mit materiellen Gütern und so weiter. Die Themen

Gebet – Arbeit – Lesung liegen quer dazu und sollen alle anderen Aspekte des Lebens durchdringen. Die Dichterin und Benediktinerin Silja Walter vergleicht dies mit einem farbigen Teppich, auf dem sich der Alltag abspielt. Rot steht für Gebet, Blau für Arbeit, Gelb für Lesen. So beginnt eine junge Novizin ihren Klosteralltag, indem sie über die Felder dieser Matte läuft: »eine gestreifelte Matte aus halben und ganzen Stunden gestreifelt – rot, gelb und blau gestreifelt. Darunter lebt das ewige Leben.« Allerdings ist die Konzentration auf das Lesen für sie nicht ganz einzusehen, denn »Gott sagt Du zu ihr – und sie soll sich entschuldigen, sie müsse nun gehen um ein Buch über ihn zu lesen«[8].

In welcher Intensität leuchten die Felder für uns? Wie geht es uns in der veränderten Lebenssituation mit dem Lesen? Für wen die Suche nach dem guten Platz für das Lesen im Leben kein Thema ist, der kann getrost wie die junge Novizin in ein anderes Feld springen. Ich kenne kluge Menschen, die wenig bis gar nichts lesen. Sei es, weil ihnen aufgrund einer Augenschwäche das Lesen schwerfällt, oder weil sich ihnen nie ein wirklicher Zugang zum Lesen eröffnet hat. Sie schöpfen ihre Erfahrungen vor allem aus dem, was sie hören und sehen. Sie lernen das für sie Wesentliche durch Gespräche mit Freundinnen und Kollegen oder durch das, was ihnen vorgelesen wird, etwa in Podcasts. Damit sind sie in guter Gesellschaft mit den frühen Mönchen, denen gesagt wurde, sie sollen »heilige Lesungen gerne *hören*« (RB 4,55). Wenn ich mich im Folgenden auf die Lesenden beziehe, dann sind die Hörenden eingeschlossen.

SEHNSUCHT NACH DEM »RICHTIGEN« LESEN

Haben Sie immer wieder einmal die Sehnsucht danach, »richtig« zu lesen? Schwebt Ihnen dann vor, dass Sie genau im richtigen Sessel oder auf dem Sofa bequem mit Decke, duftendem

Tee und einem wunderbaren Buch den verregneten Nachmittag verbringen? Maler haben durch alle Jahrhunderte hindurch die »lesende Frau« als idyllisches Motiv festgehalten. Sehr viel seltener übrigens den »lesenden Mann«. Wünschen Sie sich, in fremde Welten einzutauchen, die Sie nicht mehr loslassen, die Ihnen durch kluge Gedanken manches aus Ihrem eigenen Leben besser verständlich machen? Wünschen Sie sich Bücher, die Sie abholen und mitnehmen auf eine spannende und fruchtbare Reise? Und scheitern Sie auch immer wieder damit, weil entweder die Zeit dafür nicht da ist oder das Wetter zu schön und es Sie rauszieht, oder dann, wenn alles passt, das ausgewählte Buch nicht das richtige ist? Oder ist die innere Unruhe zu groß und lassen sich die Gedanken von den schwarz auf weiß geschriebenen Worten nicht fesseln? Ich kenne das alles gut und erfahre immer wieder, dass nur in seltenen Sternstunden alles zusammenpasst: Ort, Zeit, Buch und meine Stimmung. Dabei liebe ich Bücher und alle anderen Medien, in und mittels derer man lesen kann. Und ich habe immer verschiedene Stapel in meinem Umfeld aufgeschichtet. Ein Foto, das mich nicht loslässt, zeigt eine Frau, die unmittelbar nach Kriegsende in Dresden mitten in den Trümmern der Stadt sitzt und liest. So, als ob es in diesem Augenblick nichts Wichtigeres gäbe.

WOZU LESEN WIR?

Wir lesen, um uns zu informieren, um zu entspannen, um unser Wissen zu erweitern und um Geist und Seele zu bilden. Das Lesen soll dazu dienen, dass unser Blick auf das, was uns bewegt und was unsere Persönlichkeit ausmacht, differenzierter wird. Es soll uns neue Horizonte eröffnen und uns im Prozess des geistigen Wachsens unterstützen. Das gilt für jede Art von Literatur. Auch ein Krimi kann uns ein fremdes Land oder ein unbekanntes Phänomen nahebringen. Ich habe etwa durch eine Krimireihe, in der der Kommissar ein Asperger-Autist ist, manches über diese Krankheit gelernt.[9]

In einem Buch, einer Zeitschrift oder auf einem elektronischen Gerät zu lesen, ist meist eine stille Angelegenheit. Wenn es keine reine Entspannungslektüre ist, sind wir bestrebt, uns einiges aus dem Text zu merken, manchmal markieren wir einige Abschnitte oder Begriffe, machen vielleicht sogar ein Exzerpt, um den Text weiterzuverwenden. Das alles spielt sich jedoch weitgehend in unserem Gehirn ab. Von einer Lektüre, die uns ganz und gar erfasst, ist es weit entfernt.

Dagegen wird uns im Buch Ezechiel die Berufung des Propheten folgendermaßen erzählt: »So spricht Gott, der Herr ... Öffne deinen Mund und iss, was ich dir gebe. Und ich sah: Eine Hand war ausgestreckt zu mir; sie hielt eine Buchrolle. ... Er sagte zu mir: Menschensohn, iss, was du vor dir hast! Iss diese Rolle! Dann geh, rede zum Haus Israel! Ich öffnete meinen Mund und er ließ mich jene Rolle essen. Er sagte zu mir: Menschensohn, gib deinem Bauch zu essen, fülle dein Inneres mit dieser Rolle, die ich dir gebe! Ich aß sie und sie wurde in meinem Mund süß wie Honig. Er sagte zu mir: Menschensohn, mach dich auf, geh zum Haus Israel und sprich mit meinen Worten zu ihnen!« (Ez 2,3ff und 3,1–4). Wie ganz anders mutet das an im Vergleich zu unserem doch meist sehr verkopften Lesen! Einen Roman, wenn er spannend ist, können wir gelegentlich »verschlingen« – da ist die Metapher des Essens noch aufgenommen. Ansonsten ist Lesen und lesendes Lernen eher etwas, das wir in langen Phasen des Sitzens absolvieren und bei dem der Leib allenfalls durch Verspannungen des Rückens beteiligt ist.

Die Bilder der Bibel wollen versinnbildlichen, dass das Wort Gottes uns nähren soll. Es soll nicht nur den Verstand aktivieren, sondern uns wachsen lassen, damit unser Leben fruchtbar wird. All diese Metaphern – nähren, wachsen, Frucht bringen oder wie es in den Psalmen heißt: »Es dürstet nach dir meine

Seele« (Ps 63,2) beziehungsweise »Sättige uns am Morgen« (Ps 90,14) – sind bildliche Vorstellungen, die uns zeigen wollen, dass das, was wir lernen, nur Bestand hat, wenn es uns durch und durch erfüllt, sodass daraus Neues hervorgehen kann.

In der jüdischen Tradition lernten die Kinder das Alphabet, indem jeder Buchstabe in Form eines süßen Küchleins gebacken und dann verspeist wurde. Auch heute gibt es Backformen, um Buchstaben der verschiedenen Alphabete zu backen, und wir kennen wohl alle die Russisch-Brot-Kekse. Das sind kleine Reminiszenzen an solche alten Bräuche. Wenn man weiß, dass jeder Buchstabe des hebräischen Alphabetes eine ganze Welt von Bedeutungen mittransportiert, dann steckt in so einer Tradition viel mehr als nur eine nette kindgerechte Methode, um Schreiben und Lesen zu lernen.

In der Offenbarung des Johannes wird folgende Vision geschildert: »Und die Stimme aus dem Himmel, die ich gehört hatte, sprach noch einmal zu mir und sagte: Geh, nimm das Buch, das der Engel, der auf dem Meer und auf dem Land steht, geöffnet in der Hand hält! Und ich ging zu dem Engel und bat ihn, mir das kleine Buch zu geben. Er sagte zu mir: Nimm und iss es! In deinem Magen wird es bitter sein, in deinem Mund aber süß wie Honig. Da nahm ich das kleine Buch aus der Hand des Engels und aß es. In meinem Mund war es süß wie Honig. Als ich es aber gegessen hatte, wurde mein Magen bitter. Und sie sagten zu mir: Du musst noch einmal weissagen über viele Völker und Nationen mit ihren Sprachen und Königen« (Offb 10,8–11). Das Büchlein, das der Prophet aus der Hand des Engels isst, wird im Mund süß, im Bauch aber bitter – wie eine wirksame Medizin. Oder bitter, weil nach der ersten Begeisterung Enttäuschungen kommen werden. Dass wir so vor Hartem und Schwerem bereits zu Beginn gewarnt werden, zeigt den Realitätssinn dieser Vision.

Was Silja Walter über den Widerstand gegenüber dem Lesen schreibt, ist eine Erfahrung, die vor allem am Anfang des spirituellen Weges stehen kann, wenn man voller Begeisterung das unmittelbare göttliche Gegenüber sucht und vielleicht auch intensiv erlebt. Wenn man dann im Alter schon eine Weile unterwegs gewesen ist und eine lange Etappe hinter sich hat, kommt es vor, dass wiederum jedes Wort zu viel ist. Dazwischen jedoch ist das Lesen ein wesentlicher Faden, aus dem die Matte unserer Tage und Jahre gewebt wird.

Wir sollten auch nie vergessen, dass es ein Privileg ist, frei wählen zu können, dass und was wir lesen – und auch, auf welche Informationen wir Zugriff haben. In Diktaturen werden mit als Erstes die Bücher bestimmter Autoren und kritische Medien verboten. Dass Bücher unliebsamer Autoren in Deutschland öffentlich verbrannt wurden, ist noch keine hundert Jahre her. Und bis 1962 gab es in der katholischen Kirche den sogenannten Index, der Bücher auflistete, die zu lesen für Katholiken als Sünde galt.

GUTE LESEGEWOHNHEITEN

Ein paar Hinweise, worauf wir achten sollten, um gute Lesegewohnheiten in unseren Alltag zu integrieren, seien hier genannt.

Erstens: Das Lesen muss mich in Schwingung bringen. In einer Lebensphase, in der mehr freie Zeit zur Verfügung steht, die wir zum Lesen nutzen möchten, stellt sich schnell die Frage: Wie komme ich zu dem, was mich wirklich anspricht? Was bringt mich jetzt, in meiner aktuellen Situation, weiter? Wenn wir Bilanz ziehen, was uns in den vergangenen Jahren thematisch beschäftigt hat, werden wir erkennen, dass vieles nun abgeschlossen ist. Für anderes wiederum wollten wir immer mehr Zeit haben. Oder wir möchten uns etwas ganz neu aneignen. Was lässt uns aufhorchen auf das, was Martin Buber so wunderbar als die »Stimme verschwebenden Schweigens« übersetzt hat (1 Kön 19,12)? In dieser Geschichte geht es darum, dass der Prophet Elija sich aus Angst vor Verfolgung in einer Höhle verkriecht. Dort erlebt er Sturm, Erdbeben und Feuer – aber Gott ist nicht im Feuer, nicht Erdbeben, nicht im Sturm. Erst als er die leise, fast unhörbare Stimme »verschwebenden Schweigens« vernimmt, kann er die Höhle verlassen und seinen Weg weitergehen. Sturm, Erdbeben, Feuer – das können die vielen dramatischen Nachrichten sein. Das bringt mich in der Regel nicht aus meiner Höhle des Immer-Gleichen heraus. Erst wenn mich eine konkrete Geschichte oder ein Bild innerlich berührt, kann mich das in Bewegung bringen und es kann daraus Erkenntnis und echtes Engagement erwachsen. Immer sollte etwas auf meinem Tisch liegen, was im weitesten Sinn »geistliche Lektüre« ist. Etwas, das mich darauf aufmerksam macht, worauf ich nun genau hinzuhören habe. Es kann ein Buch der Bibel oder einer Schriftstellerin sein, Gedichte, ein psychologisches Buch, das mir hilft, Phasen meines Lebens besser einzuordnen und so weiter. Es genügt, wenn ich davon regelmäßig einen kleinen Abschnitt lese und damit »umgehe«.

Zweitens: Die Zeiten für das Lesen müssen meinem Biorhythmus angepasst sein, der wiederum stark von den jeweiligen Lebensumständen abhängt. Wenn irgend möglich, sollten wir uns dafür regelmäßig Zeit freihalten. So empfiehlt auch Benedikt, dass die Brüder »zu bestimmten Zeiten mit Handarbeit, zu bestimmten Stunden mit heiliger Lesung beschäftigt sein« sollen (RB 48,1). Man kann zum Beispiel morgens einen kurzen Text aus einem spirituellen Buch oder aus der Bibel lesen und etwas dazu notieren. Für längere Texte, die durchgearbeitet werden wollen, empfiehlt es sich, eine feste Zeit (mindestens eine Stunde) zu reservieren, in der keine Mails und kein Telefon stören. Der Geist sollte aufnahmefähig sein. Wenn das nicht täglich geht, dann vielleicht zweimal pro Woche. Der Krimi zur Entspannung wird sich von selbst einen Zeitraum erobern. Gut ist es, am Ende des Tages oder gleich zu

Beginn des neuen Tages zu rekapitulieren: Was von dem, was ich gestern gelesen habe, geht mit mir weiter mit? Das klingt herausfordernd. Wichtig ist, dass das Lesen Freude macht und man immer wieder erfährt, dass sich dadurch neue Türen öffnen.

Drittens: Kommen Sie mit dem Autor und dem Gelesenen ins Gespräch. Schreiben Sie Ihre Notizen an den Rand, unterstreichen Sie mit verschiedenen Farben, worüber Sie weiter nachdenken wollen, oder notieren Sie sich die Gedanken der Autorin und Ihre persönlichen Weiterführungen in ein besonderes Heft oder eine Datei. Machen Sie Fotos oder Kopien von wichtigen Passagen. Manchmal kann auch ein realer Austausch die Folge sein. Suchen Sie die Autorin in ihrem Blog auf, schreiben Sie einen Leserbrief, gehen Sie zu einer Lesung. Geben Sie für Sie wichtige Erkenntnisse an Ihre besten Freunde weiter. Vielleicht eröffnen Sie sogar selbst einen Blog oder einen Lesekreis.

Viertens: Weniger ist mehr. Kinder und Jugendliche lesen ihre Bücher immer und immer wieder, bis sie sie über weite Strecken auswendig können. Auch Lieblingsfilme werden gerne mehrmals geschaut. Daraus können wir lernen, dass es Sinn ergibt, Texte so lange zu lesen, bis wir sie wirklich in uns aufgenommen haben. Wir müssen sie nicht mehr so oft lesen wie in der Kindheit, stattdessen lieber langsam und gründlich. Lektüre sollten wir in verdaubaren Portionen zu uns nehmen, daher ist weniger oft mehr. Trauen wir uns also, fünf Sätze eines Buches zu lesen, ohne schlechtes Gewissen, dass wir es nicht ganz gelesen haben. Wir können darauf vertrauen, dass unser Geist all die tausenden Fragmente, die wir lesen, schon zu einer für uns passenden kohärenten Form zusammenbringt. Papst Johannes XXIII. formulierte in seinen zehn Lebensregeln: »Nur für heute werde ich zehn Minuten meiner Zeit einer guten Lektüre widmen. Wie die Nahrung für das Leben des Leibes notwendig ist, ist die gute Lektüre notwendig für das Leben der Seele.« Er hat diese Sätze analog der Regeln der Anonymen Alkoholiker formuliert, die ebenfalls alle mit »Nur für heute ...« beginnen. Damit will er aufzeigen, dass wir jeden Tag neu anfangen können. Und dass wir jeden Tag im Heute Gottes stehen.

Fünftens: Bewegen wir uns, um bewegt zu werden. Aus der Zeit der griechischen Philosophen wird berichtet, dass der Lehrer mit seinen Schülern wandernd die Gedanken entwickelte. In vielen Gegenden gibt es daher auch heute Wanderwege, die »Philosophenweg« oder »Philosophensteig« heißen. Beliebt sind derzeit Bibelwanderungen, bei denen ein Text der Heiligen Schrift im Gehen verinnerlicht werden soll. In meiner Gemeinschaft nennen wir dies »Liturgische Wege«: Wir nehmen einen Text, meistens das Evangelium des kommenden Sonntags, und gehen mit einer Gruppe an einem Samstag durch die Natur. Zunächst wird ein Abschnitt vorgelesen, dann geht jeder etwa 20 Minuten still für sich, danach kann, wer möchte, etwas dazu sagen. Durch die vielfältigen Aspekte, die so zur Sprache kommen, ergeben sich unerwartete Perspektiven. Methoden wie Bibliolog oder Bibliodrama gehen noch einen Schritt weiter, indem sie Elemente des Rollenspiels mit biblischen Texten verbinden. Damit wird die Aufnahme des Gehörten verlangsamt und Szenen können nachhaltig erlebt und erinnert werden.

Sechstens: Flexibel nach Zeiten und Orten suchen. Es kann auch hilfreich sein, an Orte zu gehen, an denen man auf andere Lesende trifft, etwa die Lesesäle der Bibliotheken oder Cafés, in denen man in ruhigen Zeiten länger verweilen kann. Ein Kloster öffnet ab und zu für einen Tag seinen Garten, um Menschen die Gelegenheit zu geben, ein Buch in Stille zu lesen. Eine junge Studentin mit Konzentrationsschwierigkeiten setzt sich gerne ins Arbeitszimmer ihrer Tante, während diese am Computer arbeitet, um zwei Stunden konzentriert zu lesen. Ich selbst habe meine Dissertation überwiegend im Lesesaal der Bayerischen Staatsbibliothek geschrieben. In meiner Studienzeit stellte ein Mitstudent in seinem Zimmer ein Zelt auf und verbrachte täglich einige Stunden zum Schreiben einer Abschlussarbeit darin. Das klingt skurril, war aber damals für ihn der Ort schlechthin, an dem er konzentriert lesen und schreiben konnte.

In Klöstern ist es üblich, dass bei Tisch vorgelesen wird: »Beim Tisch der Brüder darf die Lesung nicht fehlen« (RB 38,1). Dieses Ritual will die Verbindung vom gemeinsamen Gebet und dem gemeinsamen Mahl deutlich machen. Heute werden nicht nur Texte aus der Heiligen Schrift, sondern auch aktuelle Literatur, etwa Biografien oder historisch oder politisch Wichtiges gelesen. Wie das in einem Leben als Single umzusetzen ist, mag die Leserin selbst ausprobieren.

Zunehmend ist das Lesen von Büchern nur eine Quelle, wenn es um die Suche nach Inspiration und Wissensvermittlung geht. Menschen jeden Alters suchen sich ihre Anregungen in den Mediatheken oder auf Streaming-Diensten oder YouTube und ähnlichen Kanälen. Damit gewinnt man aktuelle Impulse, wenn der Neustart in eine andere Lebensphase ansteht. Ziel dabei ist, konzentriert nach dem zu forschen, was einen in der gegenwärtigen Situation nährt, und nicht zu sehr beim Surfen an der Oberfläche hängenzubleiben. Ich persönlich nutze diese Medien gerne. Ich genieße es vor allem, dass das, was ich suche, jederzeit verfügbar ist und ich nicht auf feste Zeiten angewiesen bin, nach denen ich meine Tagesstruktur richten muss. Auch hier gilt: finden, auswählen, klug entscheiden.

Und noch eine kleine Ermunterung: Ein Freund geht gelegentlich mit der Bitte, dass ihm das jetzt Richtige entgegenkommt, in eine Buchhandlung und blättert dann in dem einen oder anderen Buch. Er hat damit gute Erfahrungen gemacht. Ich selbst lese manchmal in meinen alten Notizheften oder Dateien. Wenn ich damit die klare Bitte verbinde: »Zeig mir, was jetzt möglich und richtig ist«, und wenn ich gut fokussiert bin, werde ich erkennen, wo mir ein Tipp zugespielt wird. Gott kann sich aller Medienkanäle bedienen, er kann uns durch einen Artikel in der Tageszeitung, eine flüchtige Begegnung auf der Straße oder durch einen zufälligen Klick im Internet auffordern zu sehen, was jetzt gerade weiterhilft.

ZUM NACH-DENKEN

- Wenn ich lese oder Filme sehe: Was davon hinterlässt welchen Geschmack? Anregend oder ermüdend oder …? Welche Schlüsse ziehe ich daraus?
- Bin ich zufrieden mit meiner Lesepraxis? Was will ich ändern?
- Woran erkenne ich, dass sich durch eine konkrete Lektüre in meinem Leben etwas zum Positiven verändert hat?

ZUM WEITERLESEN

- Wenn Sie in der Fülle der Neuerscheinungen Orientierung und Buchtipps suchen: in den meisten Buchhandlungen gibt es persönliche Empfehlungen der Buchhändlerinnen.
- Schauen Sie in die Neuerscheinungen der Verlage, bei denen Sie schon früher fündig geworden sind. Lesen Sie Rezensionen in der Tages- oder Wochenzeitung. Oder schauen Sie, welche Buchhandlungen Lesungen anbieten, oft auch online verfügbar.

»FRAG NIE JEMANDEN NACH DEM WEG ...«

»... der ihn kennt, du könntest versäumen, verloren zu gehen.« Mit diesem Spruch, dessen Ursprung mir unbekannt ist, möchte ich Sie zum Schluss anregen, in Offenheit auf das, was kommt, zuzugehen. Natürlich ist diese paradoxe Formulierung nicht wörtlich gemeint. Sie soll uns ermutigen, uns auch einmal in unbekanntes Gelände vorzuwagen und uns nicht (nur) von den Menschen einen Rat erteilen zu lassen, die vermeintlich alles schon erlebt haben. Denn nur so können wir neue Erfahrungen machen, die wir uns nie hätten träumen lassen. Und wir können wahrnehmen, dass wir von innen her geführt werden. Ein Bild dafür ist der Auszug der Israeliten aus Ägypten: Da standen keine klimatisierten Busse mit einem genauen Fahrplan bereit, auf dem die Route und die genaue Ankunftszeit angegeben war. Mit Mose als ihrem Anführer ging es einfach los, ins Ungewisse, mit dem vagen Ziel: ein Land, in dem Milch und Honig fließen. Was das bedeuten soll, war niemandem klar. Zwar geschah der Auszug aus Not, denn die Israeliten lebten in Ägypten fremdbestimmt und wurden ausgebeutet. Aber sie verloren auch die sprichwörtlichen Fleischtöpfe, was sie bekanntlich in der Wüste dann sehr bedauerten und zum Murren und zum Aufstand brachte. Die vielen Millionen Flüchtlinge, die heute rund um den Erdball unterwegs sind, gehen ebenfalls in eine ungewisse Zukunft, auch sie wissen nicht, ob sie ihr Ziel je erreichen werden. Sie verlieren auf dem Weg manches, einige sogar ihr Leben. Und dennoch wagen sie den Aufbruch. Auch für sie ist das Gelobte Land nicht mehr als eine vage Idee, die »Europa« heißt, oder »Deutschland«.

So ist es an entscheidenden Stellen des Lebens notwendig, alles auf eine Karte zu setzen und loszugehen, im Vertrauen auf Gottes Wegbegleitung.

GOTT AUF DER STRASSE SUCHEN

Warum erzähle ich das uns, die wir in einer so viel komfortableren Situation sind? Ich gehöre zu denen, die gerne und gründlich planen. Aufgaben pünktlich abzuarbeiten, ist mir ein Anliegen. Gerade deshalb möchte ich dazu ermutigen, auch einmal ohne Plan loszugehen und die To-do-Listen zu vergessen. Und das im Kleinen zu üben. Lassen wir unsere Wünsche und Sehnsüchte frei, machen wir nicht aus allem ein Programm, das abgearbeitet werden muss. In Zeiten der Corona-Pandemie machte das Wort »Mikro-Abenteuer« die Runde. Das kann so aussehen: Ich gehe zum Bahnhof und würfle, an welchem Bahnsteig ich den nächsten Zug nehme und wie viele Stationen ich fahre. Ich steige an einem unbekannten Ort aus und schaue, was sich zeigt. Ich bleibe neugierig auf das, was der Tag bringt. Oder auch: Ich begebe mich ohne vorgefertigten Plan einige Stunden in meiner Stadt in ein bisher unbekanntes Viertel und nehme wahr, was ich noch nie gesehen habe. Wahrnehmen – nicht beobachten. Nicht gleich versuchen, es einzuordnen.

Ich bin skeptisch gegenüber reiner Innerlichkeit, wie sie in manchen Achtsamkeitstrainings mitschwingt. Der Bezug zu meiner Umwelt und meinen Aufgaben ist mir wichtig. Wenn etwa Meditation oder Yoga nur noch Methoden sind, die uns helfen, den verdichteten Alltag besser zu überstehen, mag das zwar seine Wirkung haben. Es ist aber etwas fundamental anderes, als wenn ich lerne, mich in guter Balance zurückzuziehen, um mich dann wieder wirklichen Begegnungen und Herausforderungen zu stellen. Im Positiven kann das Praktizieren von Achtsamkeitsübungen uns dafür öffnen, wie wir einander begleiten und wie wir vielleicht alternative Lebensformen finden können.

So habe ich Studierenden der Sozialen Arbeit öfters eine Übung gegeben, in der sie Achtsamkeit an belebten Orten in der Stadt einüben sollten. Aufmerksam und mit allen Sinnen wahrnehmend sollten sie sich mindestens eine Stunde am Bahnhof, in der Halle eines Krankenhauses, in der Fußgängerzone oder an selbstgewählten Orten ihres zukünftigen Berufsfeldes aufhalten, einfach da sein und die Stille inmitten von Eile und Geschäftigkeit erleben, ohne professionelle Interventionspläne im Kopf zu entwerfen. Das lässt zunächst Unruhe aufsteigen und womöglich starke Gefühle von Traurigkeit und Mitleid oder Empörung über soziale Ungerechtigkeit. Aus all dem, was dort wahrzunehmen ist, einige Beispiele: Menschen, deren Lebensort die Straße ist, die gar keine Eile haben, da sie nicht wissen, wohin; ein Junge, der bereits am Vormittag auf einen Freier wartet, um seinen Lebensunterhalt zu verdienen; eine ungeduldige Mutter, die ihr Kind hinter sich herzieht, wobei man die Not beider spürt. Das alles kann dann, wenn man wieder ins Handeln kommt, den Horizont erweitern und zu neuer Kraft führen. Die *Straßenexerzitien*, die der Jesuit Christian Herwartz begründete, gehen diesen Weg. Sich öffnen für das Schauen, Hören, Wahrnehmen. Von innen heraus hören, was die Menschen mir zu sagen haben. Auf Augenhöhe. Bereitschaft, sich in den anderen hineinzuversetzen, Bereitschaft zum gedanklichen Rollenwechsel. Da kann Theologie praktisch werden, ich kann mich dem nähern, dass Gott den Perspektivenwechsel radikal vollzieht, indem er Mensch wird. Wir können uns einladen lassen von den Fragen, die die

Menschen haben, und von ihren Erfahrungen. Wir können erleben, dass Gott in der Vielfalt da ist. Christian Herwartz hat den biblischen Satz der Selbstaussage Jesu – »Ich bin der Weg« – neu interpretiert, indem er übersetzt: »Ich bin die Straße«. Das lässt ungewohnte Bilder hochkommen: nicht der Weg durch grüne Landschaften, Gebirgspfade, Wüstenwanderungen, sondern die Stadt, dichtes Gedränge in Fußgängerzonen, Lärm, die Reklamewelten, Menschen, die dazugehören und mitschwimmen im Strom, und jene, die an den Kirchentüren sitzen, weil sie nicht wissen, wohin. Wenn Jesus sagt »ich bin der Weg, ich bin die Straße«, dann kann er auch in den belebten Straßen von uns entdeckt werden. Frag also niemanden nach dem Weg, der ihn bereits kennt, sondern such ihn dir gelegentlich selbst im Labyrinth der Städte, auf den menschengemachten Straßen voll mit schönen und hässlichen Eindrücken, mit Irritationen und Nischen der Erholung zugleich.

Die Straßen der Stadt sind kein Ort, auf dem jede zu sich selbst und zu ihrem Weg der Gottsuche finden kann. Sie sind eine Möglichkeit unter vielen.

LERNEN, VERUNSICHERUNGEN AUSZUHALTEN

Wir haben in den Zeiten der Pandemie alle lernen müssen, das »Projekt Sicherheit« wenigstens ein Stück weit loszulassen. Das kann auch in anderen Bereichen des Lebens hilfreich sein. Das Leben besteht zu einem großen Teil aus Mehrdeutigkeiten, die wir aushalten lernen müssen. Sozialpsychologen nennen dies Ambiguitätstoleranz: die Fähigkeit also, tolerant und offen mit zwei oder mehr Deutungen der Wirklichkeit umzugehen. Vielleicht gelingt es uns sogar ab und zu, »aus Verunsicherung Freude zu ziehen«, wie es die Schriftstellerin Christa Wolf einmal formuliert hat. Und im gleichen Atemzug fügt sie hinzu: »Wer hat uns das denn beigebracht?«

Das wäre das Gegenteil der vermeintlichen Eindeutigkeiten, für die wir uns ständig entscheiden sollen. Quizsendungen, Wettbewerbe, Krimis – das Meiste strebt nach *einer* Auflösung. Nur selten haben Regisseure den Mut oder die Chance, einen Film offen enden zu lassen oder ihn gar aus verschiedenen Perspektiven zu erzählen und es unserer Fantasie zu überlassen, was alles möglich wäre. Der Film »Lola rennt« ist so ein Beispiel, er erzählt eine Geschichte in verschiedenen Variationen mit unterschiedlichem Ausgang und gibt uns eine kleine Lehrstunde in Perspektivenwechsel. Das wirkliche Leben verlangt von uns immer wieder solche Perspektivenwechsel. Gerade in Beziehungen gibt es häufig keine eindeutige Definition dessen, was in Bezug auf Denken, Fühlen, Handeln richtig ist. Das können große Herausforderungen für das Zusammenleben sein. Wir müssen Kompromisse schließen. Bleiben oder Gehen sind nicht die einzigen Alternativen. Lernen wir, die Idee, dass es die eine Lösung gibt, loszulassen. Lernen wir, auch in mehrdeutigen Situationen standzuhalten und nicht einfach daraus zu verschwinden, wenn es kompliziert wird, wie es bereits als begrifflich fixiertes Phänomen des *ghosting* bekannt ist.

Schon allein, indem wir Dinge in Sprache und Begriffe bringen, verfestigen wir sie. Zwar müssen wir das tun, um uns miteinander verständigen zu können, aber zugleich wissen wir, dass die Realität einer Tasse Kaffee immer mehr ist als das Wort »Kaffee« jemals aussagen kann. Sprache ist also ein wunderbares Instrument – und zugleich etwas, das die Fülle der Wirklichkeit einschränkt, sie kleinmacht.

Gestehen wir uns ein, dass mit dieser begrifflichen Reduzierung auch Traurigkeit darüber verbunden ist, dass wir die wahre Fülle nicht vermitteln können? Eine Traurigkeit, über die wir leicht hinwegreden, hinwegposten? Wenn wir jedoch das Lauschen auf die Stille regelmäßig üben, können wir erleben, dass unser Denken und Fühlen und damit auch unsere

Wirklichkeit weit werden. Stille ist überall, auch im lärmenden Getriebe des Alltags. Um an einem belebten Platz zu stehen und Stille zu erleben, dazu braucht es die Fähigkeit, meine Aufmerksamkeit nicht auf den Lärm zu richten, sondern auf die Stille dahinter. Wenn ich so auf die Stille im Lärm höre, wenn ich dem Wort Jesu »Ich bin die Straße« nachspüre, wenn ich mich neu auf den Weg mache, ist es wesentlich, dass ich meine innerste Frage in mir aufsteigen lasse. Ohne diese wirkliche, existenzielle Frage werde ich mich nur auf der Oberfläche im Surfmodus bewegen. Die Menschen, die zu Jesus kamen, hatten alle eine Frage oder eine Bitte: Wer bist du? Was heißt das, wenn du vom Reich Gottes redest? Ich möchte wieder sehen, wieder gehen können, mein Kind soll leben!

Wohin geht mein Weg, was ist meine Herausforderung für die nächste Zeit? Welchen Sinn hat das, was ich gerade erlebe? Was will, was soll ich lernen? Solche Fragen gelten immer, besonders, wenn eine neue Lebensetappe beginnt, selbst beim Umzug in ein Seniorenheim.

Wenn ich meine Fragen und die Erfahrungen auf dem Weg mit jemandem teilen kann, erweitert dies durch die Nachfragen der anderen und ihre Wahrnehmungen meinen Horizont.

AUFHÖREN UND NEU BEGINNEN

Wenn Benedikt seine Regel mit dem Imperativ »Höre!« beginnt, so ist damit das Hinhören, das Aufhorchen, das Lauschen und auch das Aufhören in all seinen Schattierungen angesprochen. Aufhorchen im Sinne von: den Kopf erheben voller Staunen über das, was ich vernehme. Genau hinhören, indem ich mich dem Sprechenden zuneige: »Neige das Ohr deines Herzens« heißt es dann weiter in der Regel Benedikts. Auch aufhören, indem ich einen Lebensabschnitt beende, ist darin enthalten. Aufhören in diesem Sinn ist dann eine entschlossene Hinwendung zu dem, was kommt. Bei Benedikt ist es der Weg der Gottsuche.

Zu wissen, wann ich aufhorchen und aufhören muss, ist eine Herausforderung. Wann ist es genug mit einem köstlichen Essen, einer langen Wanderung, einem vergeblichen Versuch, mit jemandem im Frieden zu leben oder mit einer Rolle, einer Lebensphase? Wann muss ich mich aus dem Betrieb zurückziehen und es der nächsten Generation überlassen? Zu diesen Entscheidungen gehört ebenso, nicht zu früh aufzuhören. Beim Singen etwa muss auch die letzte Note mit der gleichen Konzentration und Intensität gesungen werden wie alle vorausgegangenen. Aufhören, auch in der so vielfältigen Bedeutung, ist immer ein Akt der Befreiung, selbst wenn es sich nicht sofort so anfühlt. Wenn ich den richtigen Zeitpunkt nicht wahrnehme, um einen Lebensabschnitt zu beenden, kann es geschehen, dass ich eine entscheidende Chance verpasse, den *Kairos*, der mich zum Neubeginn auffordert.

Eine Bekannte verabschiedete sich zu ihrem 65. Geburtstag von den meisten ihrer Freunde, indem sie ihnen schriftlich mitteilte, dass sie sich ab jetzt nur noch auf ganz wenige Freunde und auf das für sie Wesentliche in ihrem Leben konzentrieren wird. So ein radikaler Akt stößt erst einmal vor den Kopf und wird nur für die allerwenigsten Menschen nachvollziehbar sein. Aber es steckt doch etwas darin, was die Unbedingtheit zeigt, mit der diese Frau ihre letzten Jahre angehen wollte.

DEN TOD VOR AUGEN

»Der Mensch braucht Sinn, Ordnung und Gefährten« habe ich eingangs meinen früheren Professor zitiert. Von Ordnung und Gefährten war bisher ausführlich die Rede. Und auch die Frage nach dem Sinn des Lebens klang immer mit. Ich kann diese Frage nicht für andere beantworten, sondern nur für mich selbst. Und auch für mich ändert sie sich immer wieder. Nun zum Schluss möchte ich sie noch zuspitzen: Wie können wir den Sinn des Lebens erkennen im Angesicht der unausweichlichen Endlichkeit unseres Lebens?

In Krisenzeiten werden die Elemente unseres bisherigen Lebens durcheinandergewirbelt, und wir müssen sehen, wie wir sie neu ordnen und welche wir aussortieren. Die große Chance, die darin liegt, ist, dass wir immer genauer lernen können, wer wir eigentlich sind. Wir können unsere bisher gültigen Selbstbilder relativieren und auch die Schattenseiten erkennen. In der Krise ist – davon bin ich überzeugt – Gott selbst am Werk. Durch ihn kommt Bewegung in unser Herz, um es aufzurütteln oder gar aufzubrechen. Die Krise birgt die Chance, einen neuen Sinn für das Leben zu finden. Eine Krise ist daher immer ein möglicher Ort der Gotteserfahrung.

Der Mystiker Johannes Tauler beschäftigte sich im 14. Jahrhundert ausführlich mit der Krise in der Lebensmitte. Bei ihm finden wir Betrachtungen zur Trägheit des Herzens, dem Überdruss an allem, auch den geistlichen Übungen, zur inneren Unruhe und der Tendenz, davonzulaufen. Als mögliche Reaktionen nennt er das sture und ängstliche Festhalten an dem, was man schon immer gemacht hat, oder das Gegenteil: alles Bisherige über Bord zu werfen und zum Beispiel immer neue Formen des Lebens und des Gebets auszuprobieren. Dagegen führt der heilsame Weg über Selbsterkenntnis, Gelassenheit und Vertrauen. In der Lebensmitte geht es, so Tauler, darum, Gott in seinem Leben die Regie zu überlassen und sich seinem Willen anzuvertrauen.

Der Psychologie C. G. Jung nennt das eigentliche Thema ab der Lebensmitte: Kann ich mich dem eigenen Tod zuwenden? Denn das Leben geht spätestens jetzt vom Gipfel ins Tal hinab. Es nützt nichts, wenn ich meine Jugend heraufbeschwöre, regelmäßig Sport treibe, Antifaltencremes benutze. Wie bei Tauler liegt die Lösung auch für C. G. Jung darin, sich selbst loszulassen und sich Gott zu überlassen. Wer dies verweigert, findet nicht zu seiner Ganzheit. Das Problem der Lebensmitte ist, so Jung, ein religiöses.

In den Klöstern, die der Regel Benedikts folgen, gehört der Satz »Den unberechenbaren Tod täglich vor Augen haben« (RB 4,47) zu den sogenannten *Werkzeugen der Geistlichen Kunst* (so der Titel dieses Kapitels der Regel). Der Tod hat also etwas Unspektakuläres, Selbstverständliches, dazu lädt dieser Satz aus dem »Werkzeugkasten« Benedikts ein.

Wann und wie das letzte Aufhören, der letzte Atemzug von uns gefordert wird, das haben wir nicht in der Hand. Aber wenn die Zeit dafür reif ist, ist es gut, vorbereitet zu sein. Dazu muss ich langsam die Fäden dieser Welt aus der Hand gegeben haben und mich auf die Wegstrecke konzentrieren, die vor mir liegt. Die 102-jährige Mutter von André Heller formuliert das in den Gesprächen mit ihrem Sohn so: »Statt ins Burgtheater gehe ich in mich.«[10] Und auf die letzte Herausforderung ihres Lebens hin meint sie: »Es gibt einen Durchschlupf ... Man zieht sich ganz in sich zurück und sammelt sich vor dem Durchschlupf. ... Den Tod gibt es so nicht ... Er ist nur das Wort für den Durchschlupf.«[11] Später wird das Bild noch einmal aufgegriffen, der Sohn fragt: »Was vermutest du hinter dem Durchschlupf? Eine Erwartung – etwas wartet auf mich.«[12] Und nüchtern auf ihr Alter schauend: »Es wird ja schon absurd ... das Hierbleiben.«[13] Damit spricht sie auf wienerisch das aus, was Benedikt als Schlusswort seiner Regel auf Lateinisch so nennt: *et pervenies* – »und du wirst durchkommen«.

Darauf können wir uns schrittweise vorbereiten. Je älter wir werden, umso mehr dürfen wir uns dann irgendwann auch aus der Vielheit der Welt langsam zurückziehen, Dinge aus der

Hand geben, damit wir auf dem Weg nicht so viel Ballast mitschleppen. Möge er verloren gehen, damit das Durchkommen leichter gelingt.

ZUM NACH-DENKEN

- Wo kann ich ausprobieren, einen Schritt ins Unbekannte ohne Plan zu machen?
- Kenne ich meine Schattenseiten? Wer könnte mich dabei unterstützen, sie anzuschauen und zu integrieren?
- Den Tod täglich vor Augen haben – was löst das in mir aus?

ZUM WEITERLESEN

- Cornelia Behnke-Vonier, Herbert Vonier: Mehr Mut zum Altern. Über Glauben und Altern, Bielefeld 2021.
- Anselm Grün: Lebensmitte als geistliche Aufgabe, Münsterschwarzach 2009 (für mich nach wie vor ein kleiner Klassiker).
- Christian Herwartz: Brennende Gegenwart. Exerzitien auf der Straße, Würzburg 2011.
- Lucy Pollock: Das Buch über das Älterwerden, Köln 2021.

EINE KLEINE ERMUTIGUNG

Ich bin in den vergangenen Monaten keine ganz andere Person geworden. Noch immer kämpfe ich mit den alten Mustern. Dennoch hat sich vieles getan. Freundschaften haben sich neu gefestigt. Vermeintlich Wichtiges ist in die zweite Reihe gerückt oder ganz hinter dem Horizont verschwunden. Das Leben geht weiter. In der Wohnung, die mir im vergangenen Jahr so lieb geworden war, leben derzeit drei Kinder mit ihrer Mutter und Großmutter aus der Ukraine. Ein neues Kapitel wird aufgeschlagen, für sie wie für uns. Gemeinsam hoffen wir auf ein baldiges Ende des Krieges, der noch vor Kurzem unvorstellbar war.

Neue Herausforderungen warten. Ich nehme mir vor:

› Ich werde mich öfter einmal von Geplantem abbringen lassen.

› Ich werde immer weniger Kompromisse eingehen mit Menschen, die bei mir nichts in Schwingung bringen.

› Ich werde mich auf das konzentrieren, was ich für mich als wesentlich erkannt habe.

› Ich werde mit Freude und Heiterkeit im Herzen weitergehen – auf den stillen Wegen in der Natur und den lauten Straßen der Stadt.

ANMERKUNGEN

1 Romano Guardini: Aus einem Traum vom 1.8.1964, in: Romano Guardini: Stationen und Rückblicke/Berichte über mein Leben, 2. Auflage 1985, S. 20; Verlagsgemeinschaft Matthias Grünewald, Mainz/Ferdinand Schöningh, Paderborn. Alle Autorenrechte liegen bei der Katholischen Akademie in Bayern.

2 Die Gedichte von Berthold Brecht in einem Band, Frankfurt am Main 1990, 7. Auflage, S. 719f.

3 Etty Hillesum: Das denkende Herz der Baracke © 2022 Verlag Herder GmbH, Freiburg im Breisgau.

4 Text aus: Madeleine Delbrêl: Gott einen Ort sichern. Texte – Gedichte – Gebete. Ausgewählt, übersetzt und eingeleitet von Annette Schleinzer (Topos Taschenbücher, Band 1122) © Matthias Grünewald Verlag. Verlagsgruppe Patmos in der Schwabenverlag AG, Ostfildern, 5. aktualisierte Auflage 2018. www.verlagsgruppe-patmos.de.

5 Ben-Chorin, Schalom: Einen Engel erkennt man erst, wenn er vorübergegangen ist, in: Was meinem Leben Richtung gab, Freiburg im Breisgau 1982, S. 28–33.

6 Tobias Schlegel: See.Not.Rettung, München 2022.

7 Nastassja Martin: An das Wilde glauben, Berlin 2021.

8 Silja Walter: Der Tanz des Gehorsams oder die Strohmatte, in: Silja Walter, Gesamtausgabe, Band 2, Freiburg/Schweiz 2000, S. 102–105.

9 Kommissar Leander Lost, in: Gil Ribeiro: Lost in Fuseta. Band 1, Köln 2017.

10 André Heller: Uhren gibt es nicht mehr, Wien 2017, S. 106.

11 Ebd., S. 80.

12 Ebd., S. 97.

13 Ebd., S. 103.

QUELLEN

Die Bibeltexte sind, soweit im Text nicht anders gekennzeichnet, zitiert aus: Einheitsübersetzung der Heiligen Schrift © 2016 Katholische Bibelanstalt GmbH, Stuttgart. Alle Rechte vorbehalten. Der Abdruck erfolgt mit freundlicher Genehmigung.

Gregor der Große: Der hl. Benedikt. Buch II der Dialoge. Lateinisch/deutsch. Hrsg.: Salzburger Äbtekonferenz, St. Ottilien 1995 (zitiert als D II).

Die Benediktusregel, lateinisch/deutsch, Hrsg.: Salzburger Äbtekonferenz, Beuron 1992 (zitiert als RB, teilweise in eigener, freier Übersetzung).